光尘
LUXOPUS

樊登读书
育儿系列

面向未来的养育

樊登读书

编著

人民邮电出版社

北京

图书在版编目（ＣＩＰ）数据

面向未来的养育 / 樊登读书编著. -- 北京 ：人民
邮电出版社，2023.3
（樊登读书育儿系列）
ISBN 978-7-115-60617-4

Ⅰ. ①面… Ⅱ. ①樊… Ⅲ. ①家庭教育 Ⅳ. ①G78

中国版本图书馆CIP数据核字(2022)第252277号

◆ 编　　著　樊登读书
　　责任编辑　郑　婷
　　责任印制　陈　犇
◆ 人民邮电出版社出版发行　　北京市丰台区成寿寺路 11 号
　　邮编 100164　　电子邮件 315@ptpress.com.cn
　　网址 https://www.ptpress.com.cn
　　文畅阁印刷有限公司印刷
◆ 开本：880×1230　1/32
　　印张：8.25　　　　　　　　2023 年 3 月第 1 版
　　字数：160 千字　　　　　　2023 年 3 月河北第 1 次印刷

定价：59. 00 元

读者服务热线：（010）81055671　印装质量热线：（010）81055316
反盗版热线：（010）81055315
广告经营许可证：京东市监广登字 20170147 号

推荐序

积极教育，培养孩子面向未来的能力

彭凯平

到底应该给孩子怎样的教育，才能让孩子发展出健全的人格和受益一生的心态？

传统的教育方式是通过"苦学"让孩子增强学习技能，补习班、课外班轮流参加，"头悬梁，锥刺股"不间断学。这种方式培养出来的孩子，学习成绩是提高了，其他方面却问题频出：在上学阶段，由于一直处于高压状态，孩子很容易产生抑郁、焦虑、厌学等负面情绪，和同学、老师、家人也时常发生矛盾；步入社会之后，面对从学校到职场的环境转变，孩子找不准自己的角色定位，过去在课堂上学到的知识不适用于职场，成人之间的社交规则也没有掌握到位，因此产生巨大的心理落差，一旦遇到挫折，就容易一蹶不振。

越来越多的事实和数据证明，仅仅重视孩子的学习成绩是不够的，还要培养他们积极健康的心态和终身成长的能力。孩子的人生是一个动态变化的过程，未来的社会也更需要具备多项能力的综合型人才，如果父母不早早引导孩子做好准备，那么孩子会很难应对未来的剧变。不仅如此，在竞争日趋激烈的当下，每个人承受的压力都越来越大，心理问题也层出不穷。面对这样的现状，父母如果仅仅因为孩子年纪小就认为孩子什么都不懂，从而忽视孩子的心理健康和人格建设，很容易造成培养的失衡，甚至引发不可挽回的后果。

我曾在一次分享中提到："人一定要具备积极的能力，在面对挫折、打击、失败、痛苦时，要能够坚韧不拔，能够扛得住，能够受得了，能够挺得过去。"我一直认为，孩子只有拥有了乐观、阳光、向上的心态，才能有效提高自我效能，最大程度地发挥天赋优势；孩子只有具备了与他人交流、交往和交换的能力，才能在适应社会的同时推动社会发展，迎接光明美好的未来。

樊登读书编著的这套书，就很好地立足当下，从孩子应该具备的道德品质出发，分享了父母如何从点滴小事做起，从生活细节入手，培养孩子的自立能力、学习能力、社会能力和幸福能力。这与我所倡导的积极教育理念不谋而合。

教，从最通常的习惯性角度理解，侧重于对孩子社会性的引导，也就是后天使然的主导意识，包括如何理解知识、获取知识，如何建立经验、评价经验，如何建立非孤立的社会价值观，等等。因为人的存在感中有一部分内容建立在与宇宙和社会的关系层面上，人存在于社会之中，所以我们需要社会的认可并被社会给予相应的存在位置，也要让自己能够适应并且积极地融入社会环境。

育，侧重于对孩子天性与个性的引导，包括如何理解情绪、控制情绪，如何对待身体，如何唤起同理心，如何理解别人的情绪与感受等源自自我习性层面上的东西。当然，这也体现了与建立存在感有关的另一个领域：人与自己的关系。

大量的科学研究与教育研究已经证明，在 0~6 岁，也就是孩子处于早期发展的阶段，考虑到大脑的发育，家长应该更多地呵护孩子的自然属性，尽量避免将成年人的生存压力与能力焦虑投射到孩子身上。

随着孩子的成长，以"先天自然"为主导的"育"，与以"后天使然"为主导的"教"在内容与投入上会发生一些改变。但无论是"教"还是"育"，都是向"理想的孩子"进发，都是为了孩子全面地成长。

理解教育，要考虑到人的自然发展规律与社会发展规律。教育不是一条直达目标的直线，那样的教育太缺乏弹性与柔性了。教育是一条随着孩子自身的成长规律和社会发展的要求而变化的动态的 S 曲线。

我们可以这样理解：在孩子小的时候，要侧重于性格与人格的培养，越小越要把"育"放在前面；在中小学阶段要开始加强对孩子智力与学习技能的训练，但是一定要以人格发展与积极天性为前提；高中时期与大学阶段是孩子智力飞速发展后全面收割知识与经验的最佳时期，发展各方面的能力开始变得十分重要，这时"教"就显得不可或缺，而且自律开始成为成材的关键要素。上大学之后，很多孩子的个性开始稳定，人生观、价值观也已经建立起来，那么终身学习就在事实上成为人生的重要任务，至于会到达什么样的高度，更多的是依靠坚持不懈的精神、成长中的机遇或个人运气。但毋庸置疑的是，一个能够持续获得成功的人，一定以自我驱动来主导其生命成长的过程。

我更主张教育是一条 S 曲线，反对不考虑实际情况，甚至扼杀孩子积极天性与美好心灵的功利主义。两千多年前，古希腊哲学家柏拉图坚定地认为，"教育的首要任务是教给年轻人从正确的事情中寻找乐趣。"中国近代的大文豪胡适也说过，"学校固然不是造就人才的唯一地方，但在学生时代的青年却应该充分地利用学校的环境与设备把自己铸造成个东西。"比尔·盖茨也表示，"在学校里可能有赢家和输家，在人生中却还言之过早。学校可能会不断给你机会找到正确答案，真实人生却完全不是这么回事。"可见，无论是古代还是现代，无论是哪个领域的顶尖人物，都提倡基于人性与人格光辉接受教育、进行学习。

无论是拔苗助长，还是纵容溺爱，从本质上都是错误的。从小就逼孩子学这学那、无所不用其极是错误的；从小放任孩子、任其随心所欲也是错误的。一旦教育者对儿童的定位不准确，就会直接造成教育上的巨大鸿沟。

教育对所有人来说都是通向终极幸福的动力源泉。在教育中，我们体验着作为人类所特别的爱的流动、心灵的温度、求知的坚韧与面对未知的勇敢。而既然是通往幸福，又何必非要以痛苦为根？

积极教育不是为了培养出一个学习成绩好到考入名校的孩子，也不是很多人误以为的"快乐教育"或"心灵鸡汤"。积极教育的最终目的是提高孩子的幸福感，培养孩子的韧性、抗压力、同理心、审美能力等，通过挖掘孩子内心的善良天性、正向能量和优秀品德，从旁进行正确的引导和培养，将这颗小小的种子培养成苗壮的参天大树，让孩子拥有一个幸福且有意义的人生。

人类社会的进步和发展，靠的是面向共同命运的善意和互动。什么是共同命运？就是我们要为了共同的幸福和其他人合作、交往、交流。大规模的文化交流、技术交流、货物交流、财富更替都是人类社会发展很重要的密码，这些密码背后的核心就是人类关于幸福的体验。

而积极的教育，是打开幸福密码唯一的万能钥匙。

相信每一位看完这本书的父母都会有所启发，在之后培养孩子的过程中，能够把眼界打开，动态、客观地看待孩子的成长，从只关注孩子的学习成绩到关注孩子的社会能力、自立能力等外在能力，帮助孩子建设一个健康的大脑、顺利构建面对未来的勇气和信心，活出独特的自我，收获真正的成功与幸福。

本书源起

樊登读书

　　樊登读书自创办以来，对育儿问题的关注从未间断。我们不仅自己在不断挑选好书、挑选好的内容与大家分享，还邀请了许多经验丰富的教育学、心理学专家参与其中。越来越多的专家学者在我们的邀请下，或以专题课的形式探讨育儿话题，或选取他们所推崇的育儿图书，融合自己的思考解读与大家分享。

　　樊登读书还有一个专门为父母提供知识方法的栏目，叫作"新父母"。"新父母"这个栏目的创立，承载着我们对社会上父母这个角色的共情和期待。社会上每个身份都有与其相对应的责任，但是父母这个身份并不像职业身份那样，有着比较明确的要求、门槛及考核的标准，甚至做得不合格也不会有失去该身份的风险。因此，社会上始终存在着这么一种现象：许多人成了父母，却没有尽到父母的责任。当父母没有能力"尽职尽责"的时候，受到影响的不仅是他们的孩子，还有整个社会。

在过去，很少有人会去专门学习怎么当好父母，而随着育儿知识的普及和公民素质的提升，越来越多的人开始注重这方面的学习，已经开始从心态和观念上逐渐转变，更加能够接受科学的养育方法和知识，注重成长和反思。这些父母与那些固守错误认知的父母相比，何尝不是值得期待和鼓励的"新父母"呢？

"新父母"这个概念给了我们更加明确的方向，那就是为大家提供更多更优质的内容，帮助更多家长胜任父母的角色，出版图书的想法也就此产生。

育儿领域的图书种类非常多，很多父母都是遇到什么问题就买哪一方面的书，这就如同"语文不行就补语文，数学不行就补数学"，不能解决根本问题，反而容易在焦虑中自乱阵脚。但是父母如果能够掌握一幅知识的"地图"，就能让育儿这个复杂体系尽量变得有章可循。

那么，能不能出一幅"一站式解决育儿难题"的"知识地图"？这幅"地图"最好既脉络清晰，又话题全面，能够涵盖育儿过程中的大多数问题；既能指点迷津，让读者更便捷地去理解专业的育儿观点，又能够为读者指路，让大家在看书学习的时候不焦虑、不盲从，选书时有一个正确的方向。

于是，我们成立了项目组，启动了专业的编辑团队，开始对育儿领域普遍受认可的理论知识、专家思想、实践方法进行全盘梳理，终于搭建出了思路清晰、话题全面的知识脉络。遵循这样的脉络，我们精选了国内多位教育专家的育儿专题课程及多位专家对经典育儿图书的解读内容，以及我们对一些优秀育儿图书的解读和思考，按照不同的话题进行了统合和精编，终于形成了这套"樊登读书育儿系列"。

本系列图书共三册，分别为《给孩子一个幸福的家》《唤醒孩子的内在成长》《面向未来的养育》。每册都单独成书，可以分开购买和阅读。不过更推荐大家按照从第一册到第三册的顺序来看，因为它们的内在逻辑层层递进，同时对应樊登读书亲子教育的三根支柱理念：无条件的爱、价值感和终身成长的心态。

第一册：《给孩子一个幸福的家》

成长当中最重要的力量源自坚信自己被爱着，而这种信念是父母能给予孩子的最好的礼物。给予孩子无条件的爱，意味着采用一种更具有人文关怀、更受主流教育理念认可的亲子相处方式。这是由"新父母"所创造的"新亲子关系"，更是教育本质的回归。

很多写亲子关系的育儿图书往往只注重父母与孩子之间的关系，这虽然很重要，但并不算全面。亲子关系不只与亲子间如何相处有关，还和父母如何与自己相处，如何与彼此相处，甚至如何与原生家庭相处有关。无条件的爱，只有在这样广义的"亲子关系"概念下才能真正发挥作用。我们不仅要爱孩子，更要爱自己，爱自己的伴侣，爱这个家，这样才能让孩子真正感受到爱的氛围。

本书从自我疗愈、和谐家庭、亲子沟通、高质量亲子陪伴等话题出发，希望可以帮助大家获得认知方面的提升，找到亲子关系的幸福密码，给孩子一个幸福的家。

第二册：《唤醒孩子的内在成长》

要想在一个新领域得心应手，底层认知非常重要，育儿的底层认知便是儿童发展心理学。什么是儿童发展关键期？父母的很多行为究竟是帮助了孩子还是影响了孩子的发展？作为"新父母"，如果不了解这些，何谈育儿？

很多父母无法帮孩子建立价值感，原因就在于他们依然遵循着所谓"多少代传下来"的育儿方式，沉迷于当一个"高高在上"的"绝对权威"，而忽视了孩子的发展规律。更重要的是，他们往往只看到了孩子的外在，却不重视孩子精神的存在。

本书从父母的认知觉醒、儿童发展规律、儿童内心发展、尊重孩子自主成长等话题出发，希望可以帮助大家成为拥有先进、科学观念的父母，培养出拥有健全心灵和完整人格的孩子。

第三册：《面向未来的养育》

教育孩子，一方面要注重培养孩子终身成长的心态；另一方面，我们也要用动态的眼光看待孩子，用开放的眼光看待社会的发展。

随着科技的高速发展，未来社会的竞争环境注定更加复杂多变，自立能力、学习能力、社会能力和创造幸福的能力变得愈发重要。我们要给孩子怎样的教育，才能让他们有信心、有力量、有期待地面对未来的世界？

本书立足当下、放眼未来，呈现多位教育界学者的独到观点和理论实践精华，帮助孩子以积极的心态快乐而高效地学习和成长，以卓越的姿态面向未来。

以上就是"樊登读书育儿系列"三册图书的核心思想。

真心希望本系列图书——这幅为所有"新父母"设计的"知识地图"，能够成为您实用的索引工具和贴心的朋友，陪伴您开启一段珍贵而难忘的育儿旅程。

目 录

1

自立能力，在社会中立足

孩子从出生那日起，便是一个独立的个体，他们一天天长大，有一天会离开家，独自走入社会。尽管作为家长，我们总想将最好的条件和无私的爱全部奉献给孩子，希望为他们遮风挡雨，为他们创造更好的生活，但孩子们总要自立，在社会中立足。

本章将从自我驱动、独立思考和对自己负责三个方面，帮助孩子对世界保有发自内心的好奇与热爱，拥有自我成长的欲望与力量，按照自己的轨迹长大，有信心与勇气面对不确定的未来。

第1节　自我驱动

樊登解读《自驱型成长》

自驱力的缺乏已经成为一个普遍的社会现象。进入工作阶段后，没有自驱力的人大多只能以奖金和期权作为工作的动力，他们往往很难坚持下来。在《自驱型成长》一书中，作者讲述了一种自驱型儿童（self-driven child），明确的内部动机让他们拥有自我驱动的能力，这种能力是一个人终身成长所需要的。

父母悉心呵护孩子成长，但总有一天，孩子会离开父母。如果孩子在失去外部约束时就彻底放纵自我，说明他没能成为一个自驱型孩子。我们应该思考，难道让孩子上大学就是我们教育的终点吗？把孩子送进理想的名校，家长就真的能心满意足地结束养育任务了吗？我们都知道，大学之后还有更加漫长的人生，在孩子面对未来更加复杂的学习、工作、生活的过程中，如果他自己没有参与感，就会成为一个"空心人"，不知道自己想要什么，随波逐流。

那么我们不得不反思，让孩子上大学的目的到底是什么？

现代家长的教育中，有常见的四个错误观念。

第一，"通往成功的途径是一座独木桥，而孩子万万不能被别人挤下来。"这就是大家拼命地让孩子上名校，拼命地买学区房，让孩子去参加补习班的原因。这个观念很明显是不对的，因为人生是一个复杂的过程，孩子不能像汽车一样拼凑起来就能跑。

第二，"如果你想过上好生活，在学校里就得有上佳的表现。"太多的孩子不是被逼得太紧，就是自己破罐子破摔，放弃了所有能尝试的机会。就是因为被逼急了，所以这些孩子说"随便吧"。

第三，"催得越紧、逼得越狠，我们的孩子就能越成功，长大后就越有出息。"像《虎妈战歌》这样的书传达的观念，让人只看短期内孩子拿到了多少个证，但是往十年、二十年以后看，你会发现，家长许多过激的做法给孩子的内心和内驱力造成的损伤是无法计算的。

第四，"今天的世界比以往要凶险得多，家长必须一直紧紧盯着孩子，才能确保他们不被伤害，也不至于让孩子闯祸。"现在的城市里到处都是摄像头，按理说社会整体的安全性是在不断提高的，只不过我们因为视觉窄化，被一些新闻吓坏了，所以才会变成"直升机父母"，天天在孩子的头顶盘旋。

这四个错误观念在目前的家长教育中普遍存在，希望我们通过《自驱型成长》这本书，回归教育的本质，了解如何让孩子产生内驱力，拥有自律的能力。

压力对大脑的影响

关键脑组织

人类大脑中有三个部分在做决策、调节压力、控制冲动中起到重要的作用，分别是前额皮质、杏仁核和海马体。

前额皮质是人类区别于其他动物的关键所在，与组织规划、判断决策等一系列认知功能相关，是如同"领航员"般的存在。健全的前额皮质能够帮助我们进行决策，引领我们的生活，让我们有能力控制和约束自己，保持理智、冷静。但压力过大时，前额皮质就容易"掉线"，难以发挥功能。人在吵架或者生气时说不出话，就是这个原因：前额皮质感知到人的压力过大而"掉线"。

领航员"掉线"之后就由杏仁核接手，杏仁核是一位"斗狮战士"，是人类大脑中最早存在的部分，特点是情绪化。

书里提到：当孩子压力过大的时候，前额皮质放弃管控，孩子就会变得易怒、大喊大叫、躲避，陷入暴力或沉默的状态中，原因就是此刻掌控他的大脑的是杏仁核。如果他长期处在压力中，这些压力就会促使大脑分泌更多的皮质醇，即"压力荷尔蒙"。

皮质醇迅速上升，随后又能迅速恢复，这是健康的压力状况。如果压力持续存在，肾上腺就会进一步分泌皮质醇。皮质醇就像是身体为了长期作战而引入的援军，它的浓度在人体内慢慢上升，以帮助身体应对压力。一匹斑马遭遇狮子的袭击，但有幸逃脱，没有命丧狮口，它的皮质醇水平会在 45 分钟之内恢复正常。高浓度皮质醇在人体内出现后则会保留几天、几周，甚至几个月。长期较高的皮质醇水平会损害海马体的细胞并最终杀死它们，而海马体是创造与储存记忆的地方。这就是为什么在急性压力下，孩子在学习上会有种种困难。

许多家长向我咨询为什么孩子的成绩会突然下滑，我猜测是家里有人吵架，事实也往往如此。家里只要有人吵架，就会增加孩子的压力，压力水平一高，皮质醇分泌得多，就会伤害海马体，而海马体正是负责记忆和学习的脑组织。

人的大脑是会受伤的，天天在孩子身边不停地指责和唠叨，对孩子会造成极大的伤害。很多家长对自己给孩子造成的伤害不以为意，认为唠叨几句是很正常的，但是换位思考，假如领导天天在我们身边唠叨，我们也会感到极其痛苦。这是一种慢性压力，会伤害孩子的大脑，导致皮质醇分泌过多，最严重的后果是使得前额皮质发展缓慢、停滞。

压力影响大脑

大脑前额皮质的发展水平与儿童对自身的掌控感、拥有的选择权密切相关。1~2 岁时，孩子就可以对很多事做出选择，3 岁以前，大脑前额皮质就会发育得较为完善。孩子冷静、理智、成熟，看起来像个大人，得益于大脑前额皮质发育良好。

然而，如果一个孩子经常被呵斥，被威胁"不听话就把你送人"，甚至被关到门外，他一定会长期处于紧张之中。紧张会导致大脑前额皮质停止工作、发育缓慢乃至停滞，于是大脑把所有的决策权都交给了杏仁核。杏仁核的应对之道就是要么斗争，要么服软。服软的孩子会迎合家长，装出一副乖巧的模样，实际上只是为了能够平稳度过和家长在一起的时间。这些都让前额皮质失去了充分发育的可能性。

书里提到，孩子的自控力需要发育良好的前额皮质作为支撑，只有给孩子足够的选择空间和掌控感，前额皮质才能不断得到强化。令人痛心的是，青少年自杀已经成为当下非常严重的问题，而青少年自杀的根源是掌控感缺失。孩子觉得在哪儿说的话都没人当回事，自己在家说了话没什么用，到学校说了话更没什么用。我们往往会把一个人的自杀归咎于急性压力，认为某某事件导致某个孩子自杀，然而心理学研究表明，大部分自杀不是由于急性压力，而是由于慢性压力。

三类压力及其由来

既然压力对大脑的影响如此之大，我们是否需要杜绝压力的存在，为孩子打造一个"无压"环境呢？要知道，人是不能没有压力的。压力分为正向压力、可承受压力和毒性压力三类，不同类别的压力需要区别对待。

正向压力就好像斑马在跟狮子做斗争的过程中没有被狮子咬到，反而得到了锻炼。皮质醇快速上升，快速下降，可承受压力在一定范围内造成损害，但也是可以复原的。比如把很多刚出生的小鼠从母鼠身边拿开，这对小鼠来说是不小的压力，如果在15分钟之内，让小鼠回到母鼠身边，就会发现母鼠在舔小鼠的毛，安慰小鼠，随后小鼠的行为慢慢变得正常，那么这种压力对小鼠来说就是可承受的压力。但是，如果这个小鼠离开母鼠超过3小时，它很可能就不会再理会母鼠，它们之间的联结断了。这种状态下的小鼠是完全受到了伤害，这种压力就是毒性压力。

青少年面对的压力是毒性压力的可能性更大，比如来自学校课程的压力、竞争的压力，还有对竞争的过度渲染。大人总是威胁孩子"你必须得考上大学""你必须得比他们强很多""你只要考上大学了就一切都好了"，然而这并不是真相。这类威胁会给孩子带来长期的毒性压力，导致他们大脑受损，自控力丧失。

作者总结了青少年压力的四个主要来源。第一种压力来源"N"

（novelty），指新情况，比如搬到一个新的城市，需要融入一个新环境就是一种新情况；第二种压力来源"U"（unpredictability），指没想到的、没有预见到会发生的问题；第三种压力来源"T"（threat to the ego），指可能被伤害，即某件事有一定威胁，让孩子受到了恐吓；第四种压力来源"S"（sense of control），指难以把控的，即某个事件超出了孩子的把控范围，其无法承受能力范围之外的压力。

让孩子自己做主

顾问型父母怎么做

书中有句话非常有价值：做顾问型父母，家长们只需要学会说"我那么爱你，才不要跟你吵作业的事。"

很多家长因为作业问题和孩子吵架，抱怨孩子不主动、不按时做作业，总是磨蹭到第二天早上。我们要想想，做作业和爱他这件事比起来，哪个更重要？那一定是爱他更重要。每当家长跟我抱怨孩子，我都会问他们："想想看，如果你的孩子现在生病了，你会怎么想？假如他躺在病床上，你会怎么想？你会想他没有交作业吗？"他说："那不会，我只希望他身体好。"对，孩子身体健康才是最重要的。所以我们也要学会说这句话："我那么爱你，才不要跟你吵作业的事。"

假如一位母亲一身疲惫地下班回家，然后儿子在家里坐着等她，说："今天在单位里表现怎么样？挣了多少钱？有奖金吗？奖金比别人高还是低呀？"我们是不是只要想一下这个场景就觉得很荒谬？但父母每天对孩子做的就是这样。所以，不要为了作业的事情跟孩子吵架，因为孩子只是借由父母来到这个世界的，他们并不是父母的私人财产，也不是父母的某个物品。

《不管教的勇气》一书提到，家长教育孩子最重要的工具就是耐心。如果孩子不知道自己需要学习，再强迫他学习都没用，他会学完就忘，甚至考上大学以后就不学了，所以，家长只有耐心地等待有一天他自己突然明白。相反，如果家长没有给孩子过多压力，孩子就会保持好奇的、求知的天性。但是为什么许多父母不能顺其自然，淡定、平和地面对孩子不主动的情况呢？因为父母有两个误区：第一个误区是专制，第二个误区是纵容。其实专制和纵容之间还有一个合适的位置，叫作权威型的管理，权威型的管理是支持而非控制。父母不断地介入会形成恶性循环，父母学会放手、不专制，也不是完全纵容，就会形成良性循环。

所以父母要做的事是什么呢？

第一，退一步。不用让孩子所有事都按照父母的想法来办，孩子过的是他的人生，要为自己的选择负责。父母有责任让孩子知道，不同的选择会带来不同的结果，不用威胁或夸大，只需讲明白，孩子有自己决策的权利。

第二，无条件地爱孩子。有人说："我看篮球教练就特别专制，但训练出来的结果都很好。"首先要搞清楚，教练不是父母，教练是专业的工作人员，他们要做的是把技能教给孩子，而父母最重要的责任是给孩子爱。所以，如果孩子从父母那儿得到了足够多的爱，哪怕遇到一个非常专制的教练，他也能坚强面对。最怕遇到的情况是教练专制，父母也专制，导致孩子得不到爱。父母可以借助社会力量来解决部分学习的问题，但是首先要保证自己给了孩子足够的无条件的爱，然后保持关注、支持，而不是不管不顾。父母要让孩子知道，父母很关心这件事情，但是只能从旁帮助，最后做决策的人是他自己。

第三，学会让孩子做主。在让孩子做主的时候，父母要学会讲三句话。第一句话："你特别懂你自己，你可是自己的专家。"孩子是更懂他自己的，这句话能帮助孩子建立自信心，帮助孩子认识到自己对自己的责任。第二句话："你脖子上长着你自己的脑袋。"这句话意味着孩子有自己独立的判断。第三句话："你想要让生活中的一切都有条不紊。"很多父母觉得如果把决定权交给了孩子，孩子肯定会 24 小时不间断地玩游戏。事实上，孩子并不会这样，因为他也希望自己的生活井井有条。所以，这句话给了孩子非常强烈的心理暗示，让孩子明白，他既有意愿也有能力管理好自己的生活。事实上，在父母一直想要掌控孩子的情况下，孩子更渴望玩游戏，这时如果父母突然说"今天不管你了"，那孩子很可能在接下来的 24 小时里争分夺秒地玩游戏。

帮助孩子建立自信心和责任感的同时，还有一句话要叮嘱："我不能因为爱你就放纵你的决定，因为你的这个决定听起来实在不大靠谱。"如果孩子做出了特别不靠谱、自私或者危险的行为，父母要及时站出来阻止他。"温柔但是有边界"，家长要帮孩子设立好足够的边界，让孩子觉得有安全感，知道父母是关注他、爱他的，同时在这个边界之内，他可以自己决定很多事情。这样，他的前额皮质就会越来越完善，他会冷静地自己做出判断。

让孩子自己做主的六个原因

为什么让孩子自己做主如此重要，有六个原因。

第一，前文提到的大脑前额皮质发展需要一定的经验。

第二，让孩子自己做主，让他不觉得自己是个"空心人"。如果一个人在什么事上都没有做决定的权利，就会变成一个"空心人"。

第三，让孩子从拥有控制感到获得胜任力，这是唯一的法则。要想让这个孩子有胜任力，能够独当一面地解决问题，就必须让他获得控制感，没有控制感就没有胜任力。同时，没有控制感会带来大量的伤害，自杀最主要的原因是控制感缺失。

第四，其实父母也并不是每次都知道什么样是最好的，我们很难说自己的生活就过得多么好，所以我们怎么就能够认为，我们为孩子所做的决定都是对的呢？所以父母要谦虚一点，我们并不是什么都是对的。

第五，孩子们都很能干。当父母放手让孩子做决定的时候，惊喜就会一个一个地冒出来。核心是父母要调整自己的眼光，要更多地发现孩子的亮点。最怕的是父母虽说放手，却站在旁边使劲地挑毛病，毛病是挑不完的。

第六，让孩子自己做主可以培养孩子的情绪智能。情绪智能优秀的表现就是情商高，一个人能够管控自己的情绪，得益于从小就有管理自己的情绪的机会。

非焦虑临在

有高达 50% 的患焦虑症的孩子有焦虑的父母。表观遗传是父母将焦虑传递给孩子的方式之一，即经验通过开关特定基因的功能来对基因加以影响。

孩子的压力来源往往是父母发脾气，父母会出于各种原因发脾气，可能是钱不够，可能是工作不顺，可能是邻里关系不好，可能是孩子作业没写完……这些对孩子来说就是"二手压力"，二手压力会开启孩子基因中的焦虑功能。父母挑剔、怀疑、控制的行为，也会开启孩子跟焦虑有关的基因功能，导致孩子越发叛逆。

好消息是平静也一样会"传染"，书中有一个词叫"非焦虑临在"。

一些父母出现的时候，能让孩子感到安心，这种父母就叫作"非焦虑临在"。所以父母应该给自己定一个小目标，要成为孩子的"非焦虑临在"，要让孩子见到父母就觉得安心、高兴，愿意扑到父母的怀里，而不是见到父母就紧张、躲避、出汗。

父母如何成为"非焦虑临在"呢？那就是让家变成一个安全的地方。比如小孩子玩追逐游戏，都会跑回一个安全的地方，这样就不会被抓到，他们把这个地方叫作"家"。要想让家变得安全，父母就要做到以下三点。

第一，要学会欣赏自己的孩子。

第二，别惧怕未来，未来肯定有很多不确定性，但是对未来感到焦虑和痛苦并没有什么好处，所以当父母坦然地面对未来时，孩子就会发现这个家变得更安全了。

第三，管理好自己的情绪。许多家长都想培养孩子读书的习惯，但不是买一堆绘本扔给他就可以，而是要经常在他面前读书。孩子的眼睛总是非常敏锐，父母真的爱读书，孩子才会慢慢受到影响。

父母还要学会接受现实，淡定面对内心最大的恐惧。书中提到了 ACT 心理疗法（Acceptance and Commitment Therapy，接受承诺疗法）。《幸福的陷阱》《跳出头脑，融入生活》这两本关于 ACT

疗法的书都值得一读。父母得学会接受、选择、行动，用 ACT 疗法来改善自身的生活，成为一个"非焦虑临在"，这样孩子才会觉得无论出了什么事，只要见到爸爸妈妈就很安全。

培养孩子的内驱力

动机与需求

人类有三种基本需求：自主需求、胜任需求、归属需求。

曾经有一位父亲对我说："樊老师，你说的那些我觉得特别好，我女儿别的事我都不管她，但是只有一件事我不能放手，弹钢琴这件事我必须盯死她。"我问："为什么呢？"他说："我觉得弹钢琴代表着毅力，如果她放弃弹钢琴，就代表她没有毅力，她将来会一事无成，所以她必须坚持弹钢琴。"我相信有着这样的理念的家长太多了。

对此，《自驱型成长》的作者解释，凡是因为弹钢琴、吹笛子、学奥数这类事跟孩子较劲的人，都只知道胜任需求，他们认为克服困难、把乐器学会的能力很重要。但是，还有另外两个更基础、更重要的需求，就是自主需求和归属需求。许多家长因为追求胜任需求，破坏了孩子的自主需求和归属需求。归属需求缺失，孩子就会觉得"我爸爸不爱我，我妈妈不爱我，这个家里没有温暖"。自主需求缺失，孩子就会觉得"我说的话不算数，我不喜欢弹钢琴，爸爸妈妈非得让我弹"。父母应该更多地考虑孩子的自主需求和归属需求。听过我讲《心流》这本书的人知道，当一个人做一个事做得很投入，进入心流状态以后，他的头脑中会分泌大量的多巴胺，他就会愿意坚持、热爱做这件事，内驱力得到提高。

孩子身上有四种常见的动机问题。

第一种，破坏者。破坏者的经典案例就是电影《心灵捕手》，它讲述了一个叛逆的天才儿童如何逐渐被引导成为一个正常人的故事。破坏者的特点是患有多巴胺缺乏症，觉得很多东西都很无趣，于是故意从事危险的工作，表现得不合群、很暴力。破坏者需要有一个导师帮他发现正向的力量，在他做对的时候，给他足够的肯定，让他知道自己内在的生命力有多么旺盛，从而意识到自身的价值。

第二种，爱好者。爱好者的特点是只对学习之外的事有动力，只要不学习，干什么都特别来劲。

对于这个问题，书中提出建议：如果他完全没有去上学的动机，那就要进行学习障碍、抑郁症、焦虑症或注意缺陷多动障碍症的评估。倘若事态没那么严重，那么请尊重孩子，同时也要帮他建立一种更好地去认识真实世界的认知模型。如果你真的好好跟孩子说话，那你就会惊讶地发现，真的有很多孩子能听取你的建议。支持孩子去追求与学业无关的兴趣，这没问题，相应地，要是将这些兴趣视为一种惩罚的原因，那问题可就大了。

作者说的"视为惩罚的原因"就类似于如果孩子不写作业，就把他的魔方没收了。

很多家长会克扣孩子体育活动与课外活动的时间，一天就那么多时间，如果你家的高中生因为些杂七杂八的事儿找不到时间做功课，或者累得根本就学不进去，那你在向他传达一种什么信息呢？难道不会让他认为课外活动要比学习更优先吗？

假如父母拼命地把孩子带到学习的路上，严格地要求他，甚至去管控课外活动的时间，导致的结果就是孩子会更加珍惜课外活动，因为稀缺性带来珍贵。所以爱好者的父母可以放松一点，尊重孩子的要求，让他去体验，孩子放松之后说不定就会把注意力转回到学习上来。

第三种，无力者。无力者的特点是对什么都没兴趣，看起来乖乖的，但是让他做什么都提不起劲来。

对于这样的孩子，父母需要冷静对待，多跟孩子交流，问问他的想法，启发他多说话，然后告诉他父母的想法。要告诉孩子，你是怎么看待生活和学习的，而不是喊那个虚假的口号："这个社会可是很拼命的，如果你考不上大学，你将来就没救了。"需要让孩子知道，学习是我们的权利，学习带给我们乐趣，作为人有可以学习的大脑，这是很珍贵的，同时父母也会尊重他的兴趣和节奏。然后要多带孩子运动，因为这些孩子可能体内分泌的多巴胺不足。

第四种，完美者。完美者每次一到考试就紧张、压力大。这些孩子看似努力，其实并不依靠内驱力，而是靠外在的压力，他觉得自己必须得表现好。

对于这样的孩子，我们需要告诉他真相，真相就是没有哪门课的好成绩能够保证他一辈子一定过得好，没有哪个大学的文凭能够保证他一辈子一定一帆风顺。人生是一个综合力的结果，今后他还会遇到各种各样的困难，所以放松、尽量做就好了，不需要跟自己较劲，不需要咬牙切齿。发自内心地喜欢学习、喜欢探索，才是一生最重要的力量来源。

休息的时间

除此之外，要给孩子安排彻底的停工期，也就是给大脑留出暂停的休息时间。我们的大脑一直在进行基础运算，即使是什么都不想、什么都不做，大脑依然在耗能，所以孩子要保持至少八小时的睡眠。

需要注意的是，很多孩子的睡眠是假性睡眠，说要睡觉了，但是关门之后就开始玩手机，所以父母必须得保证孩子在说要睡觉后不会玩手机、看电视，真的能够睡够八小时。研究表明，在对记忆力和理解力的损伤上，连续一周睡眠不足的人和前一天晚上通宵熬夜的人一样严重，也就是说，长期睡眠不足和通宵熬夜对大脑产生的损害一样。

把控制感带到学校

　　让孩子把控制感带到学校并不容易，学校的标准化考试把学生之间的关系变成竞争关系。很多标准化考试的佼佼者后来并没有成为社会上的佼佼者，因为社会上的佼佼者靠的是合作，而考试中的佼佼者靠的是独立，是自己要比别人好。因此，父母不要只用成绩来评价孩子，无须为了成绩太过焦虑，因为我们无法预测孩子长大了会成为一个什么样的人。社会不是简单的工业化模型社会，不是学什么专业的孩子就会从事什么工作，也不是成绩越好的孩子就工作得越好。让孩子健康、阳光、爱学习、有内驱力，这才是教育的本质。

驯服技术野兽

　　技术野兽是人们都很关注的话题，现在的孩子从小看电视、手机、电脑。用16个字形容技术野兽就是"威力巨大，不用不行；伤害明显，不管不行"。家长不应该把手机彻底拿走，而是应该驯服它。假如人驯服了一头狮子，那么狮子就能发挥它保护人的作用，而不会对人造成伤害。驯服技术野兽也是如此，作者给出了六点建议：

　　第一，作为家长，管好自己。不要让孩子一回家就看到一家人都在低着头看手机，要让自己拥有更多的无手机时间。

第二，对孩子使用手机表示理解。家长甚至可以跟孩子一起看看游戏，表现出对游戏的理解，对于手机时代的理解。

第三，回归自然。大部分孩子在森林、沙漠、海边玩的时候想不起来手机，孩子没有想用手机做的事就会开始对手机疏远，所以要给孩子创造接触自然的机会。

第四，告知而非说教。说教、恐吓、抢手机、把手机摔烂，都是愚蠢且无用的，父母要做的是告知，让孩子知道玩手机对大脑、眼睛的伤害，缺乏自控力的人会遇见怎样的问题。告知后，让孩子自己做出选择，让他自己承担后果。

第五，和孩子一起制订合作计划，商量怎么解决使用手机的问题。如果计划被打破，就重新制订。父母千万不要对孩子说："你说话不算数，你是一个没有诚信的人，妈妈以后再也不相信你了。"每个人都有不能完成计划的时候，不断改进，制订更加实际、合适的计划才可行。对孩子小小的失误上纲上线，说"辜负了妈妈的信任"这样的话是不可取的，要跟孩子合作达成解决方案，这其实就是一个学习的过程。

第六，父母要有底线。父母要经常检查孩子的手机，因为孩子还没有成年，父母要确保孩子没有浏览血腥、色情、赌博相关的内容，这是底线。有些家庭并不富裕，但是孩子偷偷花几千元钱买游戏装备，这是绝对不能允许的。

判断孩子是否游戏成瘾有一些标准：

1. 在花了多长时间玩游戏这件事上说谎；

2. 为了获得兴奋感，花费越来越多的时间和金钱；

3. 玩游戏的时间减少时会烦躁不安；

4. 通过游戏来逃避其他问题；

5. 为了能玩游戏，不完成作业；

6. 偷钱买游戏里的装备。

出现这些情形表明孩子真的对游戏上瘾了，父母需要帮助他一起来驯服技术怪兽。

大脑训练

《自驱型成长》的最后一章建议父母要学会训练孩子的大脑，有以下五个方法：

第一，列出目标，找到障碍，找到克服的方法。鼓励和引导孩子把目标写下来，一个人把目标写下来或者说出来，就是在头脑里演示了一次。所以当孩子写下目标时，他会更加认真地对待这个目标。之后，父母可以和孩子讨论实现目标的过程中会遇到什么困难，怎么解决。

第二，让孩子注意到大脑的信号有助于让他冷静下来。让孩子学会注意大脑的信号，比如疲倦、愤怒、恐惧。家长可以试着给孩子讲一些脑科学知识，比如大脑的形状就像一个拳头一样，大脑中间是杏仁核，杏仁核被大脑皮质包裹着。当孩子愤怒的时候可以告诉他，现在是杏仁核在起作用，一旦孩子开始关注自己的大脑发生了什么，他就会逐渐冷静下来。

第三，学会备选计划思维。如果孩子特别想考上某个学校，可以问问他，如果上不了这个学校该怎么办？这就是备选计划思维。想要买一样东西时，想想万一买不到或者太贵无法承受怎么办？帮助孩子增加思维的弹性，让他自己做出选择，在选择之前想好备选的这种可能性。

第四，培养对自己的同情心，不要过度自责。一个孩子总是喜欢自责，很可能是因为家里总有人批评他，慢慢他就养成了自我批评的习惯。对自己有同情心是知道自己的价值，在犯错时能对自己说："我知道这次没有做好，但是我会努力的；我知道这次没有做好，但是我依然是一个有自律能力的人。"

第五，练习重构问题。如果我们看到车厢里有几个孩子调皮捣蛋，孩子的爸爸无动于衷，我们很容易想："这是什么爸爸，一点儿教养都没有，这都不管！"假如我们去让他管管孩子，然后他说"对不起，他们的妈妈刚去世，孩子和我都有点无所适从。"这时我们脑海当中的故事立刻就变了，这就是重构问题。有时候，我们给别人发了一条微信信息，对方没有回复却发了朋友圈，我们会觉得被忽略。有没有可能重构一下这个问题呢？或许是信息被淹没了，或许这条信息对他来说难以回答。当脑海当中只有一种结果，思维缺乏弹性，情绪就会轻易被调动，而重构问题的练习可以不断地锻炼大脑皮质，使孩子更习惯于寻找问题的多种可能性。

第六，动起来，多玩耍。运动有益于培养自我调节能力，锻炼对大脑和身体都很有益处。运动可以增加多巴胺、血清素和去甲肾上腺素的水平，让人集中注意力；运动还会刺激 BDNF 蛋白质脑源性神经营养因子的产生，为大脑添加"肥料"；运动还可以为大脑提供更多的葡萄糖和氧气，促进神经系统发育，促进大脑细胞生长。要通过玩耍让孩子强化他们的小脑，并学着掌控自己的世界。

特殊儿童的自控

书里还有一个关于孤独症和学习障碍的章节。作者认为，哪怕是对于有孤独症和学习障碍的孩子，也要给他们足够的自控的空间，也要尽可能地让他们做自控的动作，这样才能缓解病情，帮助孩子在未来更好地适应社会。父母还要帮助孩子寻找各种各样的替代路线，让事情有更多可能性，让孩子可以通过更多的路径达成目标。只有增加大脑的弹性，选择权才会变得更多。选择权往往不是来自能力、金钱，而是来自大脑的弹性，所以要给孩子创造一个更加令人惊喜的世界。

当父母整天盯着孩子的成绩、排名、入学这些问题的时候，他们已经把孩子引向自私，让孩子也只会盯着自己的这一点事，但如果父母能让孩子看到整个世界，看到那么多不同职业的人为这个世界所做的各种各样的贡献，孩子的世界会变得更大，同样地，父母也不会那么焦虑。孩子考得好，父母很高兴；孩子考得不好，父母也依然很淡定。这就是父母能够给孩子的最好的礼物，父母要帮助孩子去关心这个世界，而不仅仅是关心他一个人。

希望大家能够帮助孩子自律，让每一个孩子都能够发自内心地热爱和愿意自己成长，成为自己的主人。

第 2 节　独立思考

樊登解读《我会独立思考》

网络上充斥着吸引眼球、耸人听闻的谣言；生活中无处不在的广告和推销，让人防不胜防；人们人云亦云、随波逐流……真相是什么？我们应该怎样辨明真相？这个世界充斥着太多误导性的信息，我们该相信谁？

线下常有很多书友跟我说："樊老师你说得特别对，我现在就听你的，你说什么我都信。"我赶紧说："千万不要这样，我讲这么多书的目的就是希望你能够不要谁都信。"我们讲书、做樊登读书，一本一本地介绍科学、心理学的书，就是希望大家能独立思考，不要依赖任何一个人，不要觉得最好直接知道答案。美国知名童书作家安德里亚·戴宾克在《我会独立思考》里，就说明了这一观点，并为此提供了思路。

独立思考是一件稀缺品

独立思考的重要性

我们每时每刻都在思考中，比如思考如何计算一道数学题、如何安排一天的计划，我们会对一些事情感到焦虑，会回忆过去，还会做白日梦，在脑海中幻想一个奇幻世界……但这些都不是我所想讨论的思考，我想讨论的不是思考的"内容"，而是思考的"方式"，特别是独立思考的方式。在信息时代里，独立思考对每一个人，特别是我们的孩子，比以往任何时候都更加重要。

独立思考为什么如此重要？

首先，在网络发达的今天，许多人为了自己的目的会造谣、歪曲事实，独立思考能帮助我们冷静、客观地分析问题、明辨是非，这样就不会以讹传讹，甚至成为网络骗局的受害者。

其次，互联网有着海量信息，我们探索未知领域时，需要有思考和反思的能力。移动互联网带来了非常方便的算法，但也带来了信息茧房的消极社会效应。算法根据用户的喜好，推荐他们所感兴趣的东西，但也让用户受限于茧房，只看到他们喜欢看到的。所以，我会讲各种各样的书，希望用户与不同知识偶遇，我希望发掘每个人身上的潜力，让不同激发改变。比如，你是个在家带孩子的妈妈，但你同样可以了解哲学和物理学，也可以有自己的创业计划，这就是孔子所说的"君子不器"。

最后，独立思考意味着独立的人格，从小养成独立思考习惯的孩子，长大后会更容易拥有健全的人格，不会轻易被他人左右，真正掌握人生的主动权。

独立思考的技术

当然，独立思考是一件稀缺品，它是一项技术，需要学习和练习。

第一，我们要能分清楚事实和观点。有时候我们的负面情绪只是来自他人的观点和大脑不自觉的加工。事实是什么，也许我们根本就不知道。在不知道事实的情况下任意发表意见，只是因为我们不必为自己发表的意见负责而已。

第二，需要分辨事实的可靠性。我们要能分清楚事实和观点，能大致判断事实的可靠性。很多事情眼见未必为实。伽利略曾在写给开普勒的信中嘲讽了那些只能通过肉眼观察世界的人。要知道人类肉眼所看到的，已经是自己的头脑筛选过的了。更何况，现在的互联网上，被刻意扭曲的"事实"太多了，很多人一不小心就被鼓动了情绪，害人害己。

第三，需要学会不预设立场。预设立场会妨碍对事实的判断。比如，在讨论健身房对健康到底有没有帮助时，有的人上来就全盘否定健身房的存在，给出的理由是"原始人就没有健身房，所以健身房没有用"，哪怕可以亲身体验再得出结论，他们也不愿意参与，这其实就是预设立场。

第四，要跟自己的大脑作战。我们的大脑容易夸张，容易想象，容易讨好，就是不容易冷静。我们需要认识到思考过程中的各种陷阱，明确一条完整闭环的思维分析路径以帮助我们独立思考。

那么，我们应该如何独立思考呢？在我看来，独立思考中最关键的其实就是批判性思维。

批判性思维

什么是批判性思维

说到批判性思维，我相信很多人都曾经无数次听过，但是当我跟身边很多受过良好教育的人聊批判性思维时，我发现他们和从前的我一样，都对批判性思维有很大的误解。

我问什么是批判性思维，他们说是不要轻易接受别人的意见。当别人说一件事的时候，你需要批判性地去接受，需要思考，需要看他的说法有没有逻辑上的漏洞。所以，大多数的人"理解"批判性思维之后，就把自己变成了一个特别喜欢抬杠、找缺点、找毛病的人。

我讲过《思辨与立场》《这才是心理学》，甚至还讲过《机械宇宙》，它们都表现了批判性思维。我读这些书的最大收获是，了解了批判性思维不是用来批判别人的。批判性思维中最重要的是批判自己，我们要不断反思自己的想法——这样想对不对，公平不公平，科学不科学？一生中，骗我们最多的人绝对不是别人，而是我们自己，我们骗自己的次数要远多于别人骗我们的。所以，批判性思维最重要的批判目标是我们自身的头脑，要警惕头脑中所产生的各种谬误。

《我会独立思考》一书提到："批判性思维是通过仔细评估想法与事实，来决定应该相信什么、做些什么的过程。"批判性思维其实和学习滑雪、解数学题一样，是一种技能，需要学习、练习。

安德里亚·戴宾克在书中举了一个例子。比如，我们可以问孩子，该不该把灰狼移出濒危物种名录。一百年前，灰狼因为人类的滥捕数量急剧下降，在美国被列入保护动物名录。此后，灰狼繁衍生息，数量开始慢慢恢复。关于这个话题应该怎么讨论呢？

面对一个话题，我们可以鼓励孩子不要凭借自己的感受来判断。比如，我害怕、讨厌灰狼，灰狼是坏的，所以就要把它移出名单；或者有人说我喜欢灰狼，也没有被灰狼咬过，所以要把它继续保留在里面，这些都不对。

我们先要学会提出问题。为什么灰狼要被列入保护名单？列入保护名单的标准是什么？之前被列入的动物有哪些？接着再根据问题需要收集相关证据。我们可以采访灰狼的研究者，去图书馆调研相关书籍等。再接着，评估收集的证据是否准确，来源是否可靠，数据是否需要更新，等等。然后，验证假设，验证我们提出来的想法，能不能够用这些数据和事实支撑，可以问问孩子，灰狼经常杀害牲畜吗？它什么情况下是危险的？最后，再得出一个结论。这就是一个非常简单的需要批判性思维的例子。

在整个过程中，我们要始终保持开明思想。开明思想，就是两派的观点可能不一样，收集的事实也不同，但可以和对方交流。交流的过程中不要给对方贴标签，说你是"爱狼派"，我是"恨狼派"，凡是爱狼的都是我的敌人，结果大家就没法辩论。开明的思想意味着，虽然我们的意见不同，但是我们可以互相交流，说一说你获得的支持性的观点和事实是什么，我获得的是什么。这就是《论语》中所说的"君子和而不同，小人同而不和"。

需要运用批判性思维的事情每天都在我们周围发生，比如阅读、评论网上的大量新闻。你要发表意见，要表扬这个人，要批评那个人，要为某一方站队……参与公共话题的讨论，肯定需要批判性思维。

同样，家庭建设也需要批判性思维。我们要不要买房子？要不要投资理财？该不该给孩子报培训班？报什么班？这些都需要用批判性思维来判断，否则只能随大流：别的孩子都在学跆拳道，那我家孩子也学；别的孩子都学钢琴，那我家孩子也学。

　　除了家庭建设，我们在工作中也离不开批判性思维，我们该不该创业？应该怎么领导团队？怎么面对自己的情绪，该不该生气？愤怒之后应该怎么解决问题？这全都是批判性思维的话题。可想而知，这件事有多么重要。

思维"捷径"

　　我们每天都在运用批判性思维，但运用批判性思维并非总是轻而易举。我们常听到父母抱怨自己的孩子不爱动脑筋，懒得思考，这其实不是因为孩子"懒"，懒是大脑的天性，毕竟思考非常耗费能量。人类大脑的使用过程，并不是一个增加耗能的过程，而是一个更加节能的过程。比如，一旦不断练习某项看似复杂的技能，大脑便会"不假思索"地自动执行，这就是我们常说的"熟能生巧"。此时，需要"主动思考"的工作已经极少了，也就无需太多的能量供给，所以，我们才说"万事开头难"。大脑希望最好直接知道答案，或者应该怎么样做，这样最简单。

　　正是因为我们的大脑常常喜欢走"捷径"，这种捷径比经历一个完整的思考路径再得出结论更加简单，所以它也容易导致错误的认知，以下是五种思考时会常犯的错误。

　　1. 刻板印象。当我们说起某一类人，某一地区的人，某种长相的人，甚至从哪儿毕业的人时，都会有不同的刻板印象。这种刻板印象会导致我们非常轻率地得出结论。我们的头脑就是想省力气，只要看到几个能够验证的案例，就会对此深信不疑。

2.恐惧。有些时候我们害怕是基于曾经的经历，但有时引起恐惧情绪的场景是我们想象出来的，现实中并未发生，它也会妨碍我们清晰地思考。

3.盲目相信。这时我们会以为自己一切已经尽在掌握，不会花时间好好思考可能出现的问题和风险。

4.无知。当我们缺乏相关信息和知识时，是很难做出正确的判断或者得到深思熟虑的结论的。

5.妄下结论。如果我们对一件事完全没了解，就轻易得出一个结论，那就是妄下结论。如果你的观点全部来自一个狭小的范围，就会很容易得出不准确，甚至完全错误的结论。

批判性思维的过程

事实上，批判性思维需要一个过程。有些时候，针对某一观点或行为，也许需要很多年才能得出结论，甚至在不同的人生阶段、有了更丰富的人生阅历，我们的观念也会发生改变。这颇有"初闻不知曲中意，再听已是曲中人"的意味。对于孩子更是如此，有些道理也许他暂时还无法理解，但随着阅历的增长，他会有自己的见解。

接下来，我们就来看看，一个完整的批判性思维的过程是怎构造的。

第一步：提出问题

批判性思维的第一步叫作提出问题。看到一个话题，或者看到别人的一种意见、观点的时候，我们得能够提出问题，问题往往来自我们的好奇心，而纵观历史，人类的进步、发展就是被一个一个问题所推动的。

比如，爱因斯坦提出过一个伟大的问题：在一束光中旅行是什么感觉？没有人会想出这么离经叛道的问题，但是爱因斯坦提出来了，他由此开创了相对论。所以，问题比答案更能令我们受教，因为能够提出好的问题，意味着你承认自己还有不知道的，并非无所不知。

很多人在讨论话题的时候，从来不愿意承认自己不知道，只愿意第一时间表态，发表自己的观点或者指责某个人，因为他们不愿意承认自己不知道，承认自己对此没有研究。

提出问题，至少分成三个层次。最基本的层次，是能够提出一个反映好奇心的问题，就是你真的不知道这事。然后，比这个层次再高一点的，是要提出一个有趣的问题——大家会关心，觉得好玩。第三个层次，是要能够提出一个明智的问题——能够引发大家进一步的思考，并且这个问题还能够延伸出更多的问题。像爱因斯坦、牛顿提的这些问题，明显是超级明智的问题。

怎么判断你提的问题到底属于哪个层次呢？请看下面的一些

问题。

- 你是否不确定问题的答案？

- 你的问题有什么目的吗？

- 你的问题需要不止一个"是"或"不是"的答案吗？

- 你的问题深刻吗？

- 你的问题具体吗？

- 你的问题能够引发对话吗？

- 你的问题简短吗？

- 你的问题容易理解吗？

- 你的问题是否不包含任何的信仰或偏见？

- 你的问题会引发更多的问题吗？

可以看出，随着提问的深入，问题的水平也在不断提高。所以，进行批判性思维、独立思考的第一步，就是要学会对各种各样的命题提出你的新问题。

第二步：收集证据

所谓证据，就是能帮助你寻找答案或做出决定的信息。在收集证据的过程中，又要遵循三步，即寻找信息、建立联系、从联系中得出结论。

举一个比较容易理解的例子。古人观察天上的星星，第一步，长时间地观察，就像第谷（丹麦天文学家，曾在汶岛建造天堡观象台，观测星星20年）那样，每天不断地观察，看哪几颗星星在哪些地方是固定的，哪几颗星星在哪些地方是变动的。这就是收集数据。

第二步，建立联系。当观察者看到有几颗星星永远都不动，相对位置永远不变时，用线把它们连起来，在这些星星之间建立了联系。

第三步，从联系中得出结论。给这些连线的星星命名，这个叫大熊星座，这个叫小熊星座，那个叫仙女星座，然后就建立了星座的概念。

这就是我们说的，收集证据的一个基本过程。

收集到证据后，还需要给证据分类。证据主要有两大类，一类是定性的，一类是定量的。定性就是用你的语言描述出某事物。定量就是拿出数据，量化你的证据。

此外，至少有八种完全不同的获得数据的方法：观察、采访专家、阅读与该主题相关的内容、上网进行搜索、找人进行调查或者投票、举行专项讨论会、进行试验、调查历史记录或文档，等等。

随便一列，就有这么多的获得数据的方法，但是我们平常在网上相信的那些结论，往往可能只来自其中的某一个方法，比如"我调查过了""问了多少个人""亲眼看到了一个什么样的事实"。大部分人只是简单地从一个角度看到了一个现象，就轻易得出了结论，缺乏完整研究的过程。

获得数据时，我们还需要研究信源，也就是评估所获得的这些证据是不是可靠。调查者有三种类型，一种叫研究者，一种叫社会科学家，还有一种叫数据控。

1. 研究者。如果需要信息的时候，该调查者的第一直觉是去翻书，或者上网查阅能读到的一切资料，仔细核实信息来源，不会读到什么就相信什么，那这名调查者就是一个典型的研究者。

2. 社会科学家。这类调查者寻求答案的时候，知道该向何人求助，不管是朋友、家人，还是专家，他们依赖于从别人那里获取有用的信息，这是社会科学家的研究方法。

3. 数据控。数据控们喜欢选取定量数据、数字、统计数据和概率，这能为他们带来坚实的基础。但要记住，数字并不代表事情的全貌。

这三种调查者哪种更好呢？他们之间没有好坏之分，也不是非此即彼。一个人既可以是研究者，也可以是社会科学家，还可以是数据控。一个真正好的调查者，应该把这三种信源评估方法结合起来。

第三步：评估证据

收集了这么多的证据以后，接下来要评估证据了。评估证据有三个非常重要的指标，第一个叫作重要性，就是这个证据重要不重要，证据的来源值不值得被认真对待；第二个叫作准确性，要看这个证据是不是做了非常严肃的研究，有没有经过多方验证、同行评议等；第三个叫相关性，就是看这个证据和我们要论证的这件事，有没有关系。

《我会独立思考》里举了一个特别有意思的例子。有人在网上看到了一个消息，说猫能够像狗一样叫，只是猫懒得这么叫，只有在被逼急的时候，它才会用自己的"第二语言"学狗叫的声音。大家说太有意思了，猫竟然能够学狗叫。请问如何判断猫能学狗叫这件事是真的还是假的？怎么判断？作者在书中给我们演示了一遍过程。

1. 你要知道信息的来源是哪里，在这个例子里，信息的来源是推特，所以可靠性不大。

2. 信息的来源是一手的还是二手的？这个人是自己亲耳听到猫学狗叫或者拍到了这个视频，还是他听别人说的？如果信息的来源是二手的，那就更危险了。

3. 如果信息的来源不是一手的，你能找到其他一手来源吗？假如你发现这个人是转发的别人的信息，能不能找到他从哪转发的，一手信息的来源到底是哪儿？要搞清楚一手信息的来源。

4. 信息的一手来源和二手来源告诉你的一致吗？现在很多信息，转着转着就变形了，一开始说的是一种状况，到最后变成一种完全不一样的情形。因为每一个转发的人，都会忍不住"添油加醋"，改动一点点，最终信息会面目全非，所以要去判断它们是不是一致。

5. 再去研究一下，信息的一手来源和二手来源可靠吗？在这个案例当中，他们发现，一手来源是兽医，那这个人是不是真的兽医呢？我们还需要继续研究。

6. 能否找到可以支持这条一手信息的其他信息来源？如果猫真的能够学狗叫，一定不会只有一个人这么说，能不能够找到别的兽医的说法呢？后来孩子们就沿着这条路径不断研究，结果真的有其他专家也发过这样的文章和消息。

这时候基本可以相信，这是真的：猫有时候被逼急了，真的会像狗一样叫。

通过这个例子，我们知道了验证信息来源的基本过程。那么，如何辨识一个新闻是不是虚假新闻呢？作者列出了一系列步骤。

1. 文章是谁写的？与验证猫会狗叫一样，首先要搞明白文章是谁写的。广告或者虚假的报道会删除作者的姓名。

2. 能找到作者的个人简历吗？发表这么一篇文章，意味着作者需要对所说的内容负责。可以试着寻找更多与作者有关的信息，看看他的身份是否真实可信。

3. 这名作者是否写过其他你能找到的文章？

4. 文章提出的核心主张是什么？

5. 文章发表在什么地方？为什么说传统媒体的价值依然存在，因为很多传统媒体起到了把关人的作用，这代表其对发布的内容有

有这种思维的大多是孩子，比如孩子和其他小伙伴发生争执，他会生气地说："他是大坏蛋，我不和他玩了！"在孩子的眼里，区分好人与坏人的，往往只是一个小小的表现。这个谬误点就在于，世界上没有那么多非黑即白的事。有些事可以简单地进行判断，比如这个是汽车，那个是自行车，这也叫作汇聚性问题。然而这个世界上大量的问题是发散性问题，有各式各样可能的答案，比如创业、与孩子相处都是无法被简单定义的问题。

第七种，诉诸主观情感谬误。陷入这种谬误的人不会针对问题进行反驳，而是会发表操控其他人情绪的观点。此时讨论的问题变得不重要了，重要的是个人的感受。所以，很多辩论的套路是先说一个笑话，把你逗乐，这样你的警惕心就会下降，也特别容易相信别人说的话。这就是孔夫子在《论语》中讲"巧言令色，鲜矣仁"的原因。一个人叙述时的最好状态，就是老老实实、冷冷静静。

第八种，假性因果谬误。这种谬误是指当两件事情同时发生的时候，我们很容易认为其中一件肯定是由另一件引发的。实际上，它们只是同时发生，没有相关关系，我们却简单地得出结论，认为就是一件事导致了另一件事。

以上是八个特别典型的思维谬误。针对孩子，我们可以找常见的或者有趣的话题，让孩子参与讨论，培养他们自我审视的思考习惯。比如以下几点。

- "如果我完成不了这份作业，我就考不上大学，那我就永远找不到好工作。"（滑坡谬误）
- "昨天我头疼，但后来喝了些果汁就不疼了。果汁是治疗头疼的好东西。"（假性因果谬误）
- "你没入选体操社团所以很难过，但想想那些连戏剧社都没有的学校吧。"（逃避话题谬误）

......

第四步：验证观点

当你拥有了这些证据以后，先不要着急做出决定，在完成评估证据、得出结论之前，还有一个非常重要的阶段——验证观点。

首先，思考其他的观点。验证观点时，要注意很多事情都是证据相同，却能推导出不同的观点，这个很正常。生活中，我们经常觉得一定是因为证据作假，才会导向不同的结论，其实不是。选择证据的角度不同，或者解读这个证据的方式不同，就会使我们得出一个完全不同的结论。

比如，佛罗里达州的死亡率在全美国最高，你会怎么解读这一事实，从而决定要不要搬到佛罗里达州去住？事实上，佛罗里达州的死亡率确实是美国最高的。从正常的角度想，大家一定避而远之，但实际上有大量美国人搬去居住，因为那里气候好，温暖、有海岸，适合度假，大量老年人退休后，会选择搬去那里，这也解释了为什么那里死亡率最高。这就是对于相同的证据，如果解读方式不一样，完全可以得出不同的结论。

其次，检验自己的观点。我们在得出结论的时候，往往经过两步，一步叫假设，一步叫推理。假设是一个人认可的真实的信念，他不怀疑它的真实性。推理是一个基于收集到的证据或所做的假设得出的结论。

比如，你看到朋友进了医院，得出他肯定生病的结论。你的假设是一个人没病就不会进医院。你的推理是，朋友去了医院，所以他肯定生病了。但大家仔细想想，有没有可能是朋友的家人生病了，或者他就是在医院工作呢？所以，要检验自己的观点，需要反思你的假设以及推理过程。

再次，明白情绪的力量。快乐、悲伤、愤怒、希望等情绪本身并没有好坏之分，但它们可以被用来改变人们的心意、控制人们的想法。这也是前面提到的"诉诸主观情感的谬误"。很多没进行过这种思维训练的人，容易被情绪引导，去得出了一个简单的结论。所以，哲学家的重要性在于，要能够冷静客观地提出不同的意见。而我们也要时刻对网上那些挑动大众情绪的"热文"保持警惕。

最后，培养同理心。明白了情绪的力量之后，还要培养同理心。同理心就是想象和理解他人的思维、情绪和经历的能力，也就是站在别人的立场上思考问题。它可以帮助我们理解观念、论点和新闻故事背后的人。如何培养同理心？戴宾克在书中建议多读历史上不同的人物传记和自传，比如，读过卢梭的《忏悔录》以后，听到别人对卢梭的诋毁，你可能会有另外一种想法。读过《张爱玲传》后，了解了她的一生，慢慢地就会多一分理解，因为理解，所以宽容。

第五步：得出结论

验证了各种不同的观点之后，批判性思维的最后一步叫得出结论。得出结论是以推理和证据为基础的。在得出结论的过程中，有几点非常重要：重温原先的问题，回顾证据和你学到的内容，以及考虑价值观。

有很多问题是非常复杂的，我们此刻得出的结论未必永远不会改变。重温问题时，我们需要用新的证据，以及学到的内容重新评估。人类的科学事业，也是在不断突破原有理论中不断进步的。比如，牛顿提出万有引力，后来爱因斯坦的相对论证明，引力更像一种几何效应，而非一种力，力学现象的背后有更复杂的原因。所以，我们要能够接受结论被颠覆，因为那只是在有限的空间、时间之内得出的结论。

此外，得出结论的时候，还要考虑价值观。人确实很难做到完全公允，因为你的价值观决定着你愿意得出哪一类结论。比如诚实、善良、健康、守法、守时、信用，这些都是你的价值观，根据价值观，你会得出更愿意支持的结论。

伴随一生的科学思考方式

得出结论后一切就结束了吗？戴宾克说得出结论是批判性思维的结果，却不是一切思维的终点。我们的决定、看法和思想，只是真实世界的一部分。我们无论对自己的结论有多确定，都应该去找与我们结论不同、意见相左的人讨论一下。比如，前面列举的灰狼是否应该被列入动物保护名单的问题，如果你认为应该列入，那就去找认为不应该被列入的人讨论。讨论时，不要只是与持同样观点的人一起讨论，要跟持有不同观点的人讨论。

在讨论、分享观点时，还有件事很重要，那就是礼貌。现在大家在网上留言、发表意见时，似乎忘记了礼貌。移动互联网给了每个人发言的机会，但并没有使我们用更加科学、更加耐心的态度去看待问题，反而让人变得随意、不负责任、急躁，甚至失去理智。很多短视频下面，大部分人就是留一句难听的话，然后转身就走，自认为隐藏在暗处。

这些人的发言虽然宣泄了情绪，但最终还是对自己不利，因为你只是用一个简单的咒骂替代了所有的思考，替代了准确的判断，会错过很多的机会。这就是为什么说礼貌很重要。在意见相左的时候，双方也应该做到彼此尊重，然后友善相处。英语里有一个短语"with all due respect"（恕我直言），就是指我对你非常尊敬，但是我有话要直说。与别人辩论、讨论时，你可以有不同的意见，但需要保留一份尊重。

除了分享观点，倾听他人的想法也很重要。有时候听得多了，我们会发现很多话根本就不用说，因为对方的想法其实跟你差不多。所以，保持好奇、善意、专心、投入地倾听，可以避免不必要的争吵。

我们每一个人，都应该学习和训练批判性思维，这样才不会人云亦云，不会轻易相信一个不靠谱的结果，不会被别人的道德要求裹挟，不会被别人的情绪所压迫，才能够从新问题深入下去，再去钻研，解决问题，最后得出结论。所以，批判性思维的训练应该从孩子很小的时候开始，我们要教会他认识世界，养成终生受益的思维习惯。

运用批判性思维的核心目的是减少你和整个世界之间的摩擦，让你的烦恼变得很少。我们在《思辨与立场》里讲过，如果你还有烦恼，一定是因为思维方式错了，就这么简单。所以，无论是在企业、学校、家庭，还是社区当中，引入批判性思维方式，都能够让我们的生活、工作变得更加顺畅、愉快、科学。

第3节　对自己负责

康妮解读《如何让孩子成年又成人》

我的大儿子之前因为没有选上一节选修课，不得不给辅导员写邮件，问可以选择哪一门课程作为替代，否则辅导员很可能塞给他一门他不喜欢的课程。他当时很不服气地问我，为什么要他来写，我回答他："因为我是不会帮你写的。"我想，如果是一个心急的家长，一定会为了孩子的学分和未来，去和老师沟通，但我不会这么做。我希望一个14岁的男孩子可以为自己的所作所为承担责任，并提出解决方案。类似这样的例子有很多，孩子总是希望家长可以帮助他解决一些棘手的难题。

几年前，我和朋友曾讨论如何教育孩子，她向我推荐了朱莉·海姆斯女士写的《如何让孩子成年又成人》。朱莉·海姆斯凭借她在斯坦福大学的十年教务长任职经验，以及多年来对学生细致入微的观察，写出了这部力作。

很多时候，家长都只关注孩子的成绩，忽视了孩子能力和品质的培养，而朱莉·海姆斯认为，我们培养孩子的目的是让孩子成为一个有担当、有责任、有能力而且幸福的成年人。她将这本书分为四个部分来写。

焦虑不堪的当下

焦虑表现

说起家长们的焦虑表现，首先就是对孩子们安全问题的担忧。我们"70后""80后"小时候，通常都是自己上下学，不需要家长接送，写完作业之后，就出去和其他小朋友一起玩。但是，随着时代的变化，机动车越来越普及，偶尔还会有拐卖儿童等恶性事件发生，家长对孩子的监护程度也越来越高了。家庭中至少有一位家长要承担接送孩子上下学的责任，孩子和同学或者其他小朋友出去玩，也要在家长的陪同之下。有些时候，家长没有时间和精力陪同孩子到户外玩耍，只能任由孩子看电视或玩其他电子产品。

除了安全问题之外，家长们的焦虑还体现在不想让孩子错失任何一个机会上。比如，学校里有个演讲比赛，那么家长会对孩子说"你一定要去参加，我给你请一个辅导老师吧"；特长生可能会在之后的升学中有加分，家长就会让孩子去学习体育或者美术。家长希望每一步都可以为孩子计划好、盘算好，让孩子将每一个机会都把握住，尤其是自己小时候没有机会学习和参加的，家长就更希望孩子能代替自己弥补人生的遗憾。

焦虑原因

那么，家长焦虑的原因又是什么呢？很简单，就是家长对孩子特别地疼爱。现在有很多家庭只有一个或者两个孩子，除了父母以外，爷爷奶奶、姥姥姥爷也是照顾孩子的主力。这一个或两个孩子会承接六个成年人全部的爱，但作为家长，我们仍然会担心：我是不是已经给孩子提供了最好的条件；在照顾孩子这件事情上，我是不是已经做到无可挑剔。这种爱加上担心，就塑造了一种"直升机父母"。

何为"直升机父母"？顾名思义，直升机会在空中盘旋，一旦地面上有什么需要或者请求，它会在第一时间降落并提供帮助，用来形容父母是不是非常形象？我们可以想到一个非常熟悉的场景，孩子在学校发现某样东西落在了家里，给家长打电话，家长是不是都会说"好的，我给你送去"？可是"送去"这个行为，是否真的能帮助孩子解决问题呢？

家长除了在孩子生活方面进行无微不至的关照外，在情感方面也希望他们不受伤害。我们经常会夸奖孩子："哇！你真是太棒了！你真是最聪明的孩子！"我在美国观看小区里或者城市里的棒球比赛时，就总是会看见孩子在场上打球，场外的家长不停地加油助威，夸他们的孩子做得好。这可能会让孩子形成一种错误的认知：因为我的父母认为我什么都是最棒的，所以我在各个方面都要拔得头筹。

我的孩子就曾经出现过一种状况。在家里，我们经常因为他的绘画作品夸奖他、鼓励他，有一次在学校的美术课上，老师赞美了另外一个小朋友的作品，没有夸奖他，他回家之后就闷闷不乐，和我说："我什么都做不好，感觉自己什么都不如别人。"

我很纳闷，问他："你怎么会这么想呢？"

他说："今天老师表扬了另一个同学的画，但没有夸奖我的。"

我说："那又怎么样呢？他画得比你好，或者说这一幅画他画得比你好，并不能代表他每一幅画都画得比你好，每一件事都做得比你好，对不对？而且你并不需要和别人比较，你只需要努力做好你想做的事情就可以了。你喜欢画画，就努力画好每一幅画，画出你认为最好的样子，如果不喜欢画画，也可以选择弹琴，没必要在每一件事情上都独占鳌头。"

现在这一代孩子，物质充足，被全家人环绕着长大，着实犹如温室中的花朵一般，但总有那么一天，他们会离开家独立生活，或是上大学，或是结婚生子，那他们有能力照顾好自己吗？他们能作为强者，在职场中拼搏吗？答案肯定是不能。所以作为家长，我们在重视孩子的学习成绩外，更应该锻炼他们的能力和心理素质，帮助他们为以后的生活奠定基础。

过度养育

朱莉在书中提出了一个"过度养育"的概念。在讲为什么要停止过度养育之前，我们可以先来了解一下哈佛大学录取学生最看重的三个标准。

我作为哈佛大学的校友面试官，每年都要对我所居住的这个城市的高中毕业生进行面试，然后给学校提供我们面试这个孩子的观察报告。那么哈佛大学看重学生的哪些方面呢？

关注的第一个方面就是性格、品格。在长达一个小时的面试中，有一个问题非常有意思，就是考察这个学生会不会是一个好室友。我们都知道，大学一年级的学生要开始住宿舍，都会有室友，这个问题就是要通过谈话来判断这个学生是否好接触、好相处。这很有趣，它首先关注的不是学生的学习成绩和学习能力，而是学生的性格。

关注的第二个方面是孩子的课外活动。这方面的考察不是说只要你参加过很多项不同的活动（比如滑冰、游泳、画画、弹琴）就可以，还要看你在活动中有什么表现。你是否带领过团队？你有没有创新？你如何开始做一件事情？你做某件事情花费了多长时间？

你参与活动的深度和广度是怎样的？学校会特意让面试官观察，学生参与这项活动的目的是什么，是只为了交出一份漂亮的履历，还是真正想做一件他自己感兴趣的事情，有激情，能够全身心投入？

所以说，学校并不会因为家长带领学生参加过很多活动项目，有一份完美的履历，就录取这个学生，而是会观察这个学生从事某项活动的缘由和成果。

我曾面试过一个学生，他毕业时很多名校都邀请他去面试，最后他面试了哈佛大学，被哈佛大学录取了，但事实上，他并没有参加过任何课外活动，他只是为了帮家里减轻负担，在外打了两份工，平时还要照顾弟弟妹妹。可见，学校录取他是因为格外看重他对自己、对家庭、对社会的责任感，以及他的毅力、耐力。

关注的第三个方面，才是学生在学校的成绩，但学校关注的也并不仅仅是分数，而是要看你的思维和想法有多少是原创的，以及在某一个领域研究的深度。

我希望哈佛大学的录取标准能给你提供一个新思路。书中引用了哲学家歌德的一句话："孩子应该从父母那里得到两样东西，根和翅膀。"所谓翅膀，就是当你的孩子成年，要从父母为他搭建的遮风挡雨的巢穴飞出去的时候，能拥有更好地生活下去的能力。

现在我们说回"过度养育"。海姆斯女士在她任职新生教务长的十年间，观察了上千新生。很多新生入学时，都有家长陪同，父母们忙前忙后，各种安排、打理，而有的孩子，就连让搬运工或者朋友帮忙把行李箱运回宿舍这种小事都没办法自己处理，甚至每次做决定之前都需要打电话问明父母的意见才可以，更不要说自己做饭、坐公交去一个不熟悉的地方或者计划一场旅行了。

海姆斯女士说，18岁的孩子要具备和陌生人交谈的能力、管理自己任务的能力、为家庭运转做贡献的能力、承担风险的能力。如果父母总是在孩子18岁之前，替孩子思考、替孩子做选择、帮孩子解决问题，那么就不要妄想在孩子18岁的钟声敲响之时，这些能力会奇迹般地生长出来。

被过度养育的孩子，就像我们所说的"巨婴"，父母的过度干预和过度介入造成他们在心理上不成熟，没有办法脱离父母独立生活或做决策，而父母养育孩子的初衷，绝不是这样。

没有人的一生是一帆风顺的，我们会面对失败、面对恐惧、面对棘手的问题，所以我们必须培养孩子面对外界压力、负面评价的勇气和解决问题的能力。我们作为父母，很多时候不是给孩子的爱太少、忽视孩子，而是给孩子的爱和帮助太多，就像前文提到的"直升机"一样，孩子需要什么，就立刻投递。

如何培养孩子成人

朱莉提到了"自我效能"这个词。自我效能是指一个人对自己所能获得的成就的真实感知，既不夸大，也不低估。其实这就要求家长从孩子小时候起就培养他们的自我认知能力。孩子是不是能够不断试错直至成功，与家长在他们童年时期的养育方法关系密切。如果孩子从来没有尝试过一遍一遍试错，一次一次从失败中站起来，那就很难形成自我效能感。

那么如何培养孩子的自我效能感呢？作者给我们提供了以下建议。

让孩子拥有更自由的时间

前一段时间，我总是感觉我的孩子好像做什么事情都不主动，提不起兴趣。我常常和我老公说，感觉孩子好像什么都不想要，什么事情都是我们要求他做的。后来，我也看了一些关于如何增强孩子自驱力的书，其中就提到，家长要给予孩子更多的自由时间。

现在孩子们的学习压力非常大，为了让孩子的人生履历更加闪亮，父母给孩子安排了各种各样的活动课程。但其实，每个孩子都需要一个固定的"玩乐"时间，让他自己去"玩"是非常重要的，因为在这一段时间里，孩子们才能真正找到自己的兴趣，激发自己的创造力。如果所有事情都由家长来安排，"你应该去画画""你应该去搭乐高""你应该去弹琴"，那对孩子来说，不仅没有好处，还有可能产生反作用。你需要给孩子一个自由的时间，哪怕他只是想在床上安静地躺一会，或是随便翻看他自己感兴趣的一本书，都随他去。

我的二儿子非常喜欢看动画书。很多时候我会跟他说"你要去读那种章节小说"。他不喜欢，还是想看动画书。后来，我说："好吧，那种精读时间是必须要有的，但是周末你可以拥有自由阅读的时间。你想读动画书、小人书，都可以，或者每天给你一个小时，你可以做一些自己想做的事情。"

家长不要过度干预孩子，不要帮他设计一些活动，要让孩子有更多自由的时间，可以和自己的兄弟姐妹或者其他小朋友一起游戏，或是独自享受这段时间。

此外，我还引导孩子感受心流。心流，是当你做一件事情时，将精力完全投入这件事情的感觉。你非常享受这个过程，忘记了时间和空间，不希望被打扰，感觉可以做这件事情做很久。这就是一种心流体验。我相信，心流不会出现在你强迫孩子做题或是弹琴的时候，而会出现在孩子心甘情愿地、投入地做某件事情时。

我的二儿子就很喜欢做手工，我在家里给他准备了很多破的纸板子、不用的牛奶桶、碎布料等，我会鼓励他用这些东西自己创作。千万不要小瞧孩子的创造力，他真的能"发明"出很多让你意想不到的东西。比如，他就可以用这些材料制造出一台夹娃娃机或是一台自动贩卖机。他挖一个小洞，装一个小的塑料桶放在上面，然后旁边放一个一块钱的硬币，把那个小桶一拉，"哗"地一声他的麦片或者糖果就掉出来了。做手工是一个创造的过程，孩子不会在乎花费了多长时间，他享受这个过程。或许制作一件手工作品确实需要花费很长时间，但请你相信，这是值得的。你不知道在这段时间里到底有多少思维和创造力的火花在孩子的小脑袋中迸发，以及孩子能在这个过程中发展出何种能力。

传授给孩子基本的生活技能

除了让孩子拥有更多的自由时间外，我们还要传授给孩子基本的生活技能。

在我五年级暑假的时候，我家里人就让我和我姐姐去菜市场帮忙卖菜。我的父母和菜市场的菜贩说："我家有两个孩子，一个五年级，一个六年级，可不可以趁着她们放暑假，让她们到你这里来帮忙卖卖菜，体会一下工作的辛苦？"那是我第一次去外面干活，我和我姐姐需要每天抬大筐的蔬菜，有时候还需要帮忙装好车，去各个地方送菜。一个暑假下来，我俩一共就赚了七十多块钱，一人三十几块。这个暑假的经历给我留下两点深刻的印象，一个是工作真的很辛苦，另一个是工作真的让人很有成就感。

为什么我们要教给孩子基本的生活技能？因为掌控感是每个人都需要的。只有拥有了掌控感，你才可能拥有自我效能感，有对自己的认知，相信自己有能力完成某件事情。所以父母从孩子小的时候起就让孩子做一些力所能及的事情至关重要。叠被子、刷碗筷、收拾玩具、洗衣服都可以尝试着让孩子自己做。越小、越早让孩子做家务活，他越不会产生抵触情绪。你可以根据孩子的不同年龄阶段制作一些他们能做的事情的清单卡片。比如，2~3 岁的孩子可以自己刷牙、洗脸、收拾玩具；4~5 岁的孩子要记住父母的电话号码、系鞋带、清洗碗筷；7~8 岁的孩子可以开始学习烹饪等技能。把这些孩子掌握的技能小卡片累积起来穿成一串，可以让孩子特别有成就感。

我会带我的小儿子把自家花园里那些长得很长很长的藤和蔓都揪下来，如果是那种很长的根，我就会教他使用剪刀或刀子来割掉那些根。后来，我们收拾出来三大包杂草。第二天早晨他看到花园说："哎呀，我们的花园真是干净又整齐。妈妈，昨天我做得是不是很好？"我说："当然啦！是你的劳动创造出了美丽的花园。"

等到孩子 13~16 岁时，就可以让他独立地做更多事了，比如，自己去商店购物，自己洗床单、床笠。我的孩子就会帮助我用吸尘器打扫卫生，也知道如何使用洗衣机和烘干机、如何进行简单的烹饪和烘焙。

我的大儿子在 11 岁时就可以帮忙照顾小宝宝了。一开始是照看自己的弟弟，然后是帮我的朋友照顾她们的孩子。这时候，我会让他和弟弟一起去照顾那些一两岁或是四五岁的婴幼儿，带孩子们一起玩儿，在培养他们责任感的同时，让他们学会一些基本技能，比如，学会给小宝宝们换尿布，或是解决一些小问题。解决不了的时候，他们会打电话给我请求帮助。

孩子再大一点，就可以做一些更加复杂的事情了，比如换轮胎、预约医生、去银行存取款、清理管道、换灯泡……

你可以想一想自己的孩子现在处于哪一个年龄阶段，哪些事情是他们要学会做的。我在书中还看到一个非常有意思的结论——那些三四岁就开始做家务的孩子，比那些很久之后才开始做家务的孩子更容易成功。那么如何培养孩子做家务的能力呢？这应该分为四步。

第一步，我为你做这件事。

第二步，我和你一起做这件事。

第三步，我看着你做这件事。

第四步，由你独立完成这件事。

我的二儿子现在十岁，我一直在等着他高过案板，不然不敢让他用刀。现在他终于长到这个位置了，我说："你想要做什么？"他说："妈妈，你做的那个泡菜炒饭我很喜欢吃，我想学做这个。"我说："好的，那太容易了。第一次你先看我怎么做。你看，我先在案板底下铺一张纸，这样案板就不会跑来跑去的。然后切香肠和泡菜，你看这个刀是这样用的，用刀一定要小心。然后放一点油，注意控制油温，先放香肠进去炒，然后再放泡菜，泡菜要炒出红色的汁，再把干米饭放进去。用旁边的锅再煎一个蛋，就大功告成了。"后来我又和他一起做了一次。之后，一天早晨我起来，他兴奋地和我说："妈妈，你看！我给你做好了泡菜炒饭！"

所以对于小朋友，如果你耐心地教他怎么做，给他做出示范，再和他一起做，最后由他独立做好某件事，他会非常有成就感。他获得了掌控感，也获得了自信。

家长可以选择一些孩子能做的事情，开始尝试，比如可以从做早餐开始。家长要做的是放弃对完美的追求，因为完美主义是做这些事情的大敌。如果你总是希望孩子的饭做得色香味俱全，希望他们做完饭后还把厨房收拾得一尘不染，那你可能永远没办法开始这件事。允许孩子做得不完美，允许他们把厨房弄脏弄乱，允许他慢慢熟练，他才可以做到更好。家长也不要在孩子刚刚做完之后，就提出改进意见，这会打击孩子的积极性。你可以让孩子先做，在他下一次做这件事的时候，你可以告诉孩子哪些方面可以比上一次做得更好。比如，你可以说："你这次可以尝试像妈妈一样，边做边收拾。"通过这样的激励和鼓励，可以让孩子更爱做家务。

帮孩子做好努力工作的准备

"让孩子成年又成人"，这意味着，家长的任务不仅仅是让孩子做一个好学生，还要让孩子成为一个优秀的成年人。成人很重要的一部分就是要有工作、有责任、有担当。为了孩子将来能更好地适应职场，我们现在就应该帮助他们做好准备。也许你会认为现在孩子还小，工作是很遥远的一件事，但我们之前已经提到过一项研究的结论——那些三四岁就开始做家务的孩子，比那些很久之后才开始做家务的孩子更容易成功。哈佛大学的精神病学家乔治·瓦利恩特所做的一个著名的纵向研究也认为，童年做家务是未来成功的基本要素。这是为什么呢？因为做家务那种"我能做""我会做"的感觉会孩子带来成就感，让他们觉得自己拥有掌控力，从而提高他们为家庭做贡献的责任感和自觉性。

我们在职场中看重的那些品格，比如主动性、抗挫力、解决问题的能力等，都是从孩子小的时候就需要培养的。比如，孩子在家用吸尘器打扫卫生的时候，可能会因为线太短吸不到某处，这时候他会怎么处理，是就不吸那里了，还是找个插线板使线延长，或是用扫或擦的方式把那里打扫干净？所以我们可以看出，职场中所需要的这些素质，都能够从孩子小时候做的一些力所能及的家务中获得。

那家长需要做些什么呢？家长要给孩子做示范、给他们明确的指示，以及恰当的感谢和反馈。比如，你可以和孩子说："你吃完饭后要把碗筷放进洗碗池中。"当孩子按照你的指示做了的时候，你可以夸奖他说："谢谢你，你把碗筷放进洗碗池帮妈妈减轻了负担。"这样可以让孩子将做家务视为生活中习以为常的事。

让孩子自己规划人生

很多时候我们认为自己比孩子更有经验、更聪明，其实事实未必如此。

我的大儿子上初中时有很多选修课可以选择，比如戏剧课、电子音乐课、舞台布景课等。我听其他家长说，他们学校的戏剧课非常有名，将来在升学的时候可能也会有帮助。于是，我就和他说："你选择戏剧课吧！戏剧课非常好，将来升学的时候也对你有帮助。"他却表示不想学戏剧，对戏剧没有兴趣。我鼓励他报名试一试。上过一节课后，他自己把戏剧课退了，改选了电子音乐课，学习做 DJ。我虽然感觉有些遗憾，但也同意了。后来一次音乐会，我看到他在台上做 DJ，台下的同学都注视着他，他特别投入，特别沉浸其中，很有激情，我真的为他感到骄傲。

这个故事也提醒我们，不要为孩子做我们认为的更聪明的决定，家长要做的就是支持他们去选择和规划自己的人生，以及为他们提供一些资源。我的儿子和我说："我更喜欢做厨师，从事餐饮行业。"那我就不会和他说："我觉得你学习金融更好，有机会去华尔街工作。"我会告诉他："我非常支持你做厨师，你可以多了解一些食材，可以在视频网站上多多学习做法，我也可以带你去见一些厨师，和他们交流。"

教孩子面对挣扎的人生常态

此外，我们还需要让孩子直面挫折。职场也好，人生也好，抗挫力都是非常重要的一项能力。前几天我在健身房听到一位女士在谈论她的女儿，说她的女儿学习非常好，成绩优异，就读于普林斯顿大学，但她说她一直都很担心女儿，因为她的女儿自从上学开始，就从来都没得过 B，每次成绩都是 A，她担心她女儿在上了大学之后会在学业上受挫。后来，在开学第一个学期她的女儿给她打电话说自己得了人生第一个 B 时，她拍手庆祝，她说："我太高兴了。你终于得到了人生中的第一个 B，你要知道得 B 也没那么可怕。"

我们很多时候把注意力放错了地方，总是盯着孩子不足的地方，却忽视了孩子的优势。我希望所有的家长都能发现孩子的优点和长处，即使某些事没有做得尽善尽美，也依然为他们欢呼和喝彩。我们要允许孩子犯错和失败，在他失败的时候对他说："没关系，下次一定会更好。"

另外，你要做他的榜样。怎么做呢？我们的人生中也会有挫折，比如说没能升职、没能加薪，或者一个机会，你没有得到，别人得到了。这个时候的失败，你要展示给孩子看，告诉他"你看，我真的很努力，但我没有争取到这个机会，那又怎么样呢？没关系，下次妈妈再加油"，让他知道任何不好的事情都可以转变成好的事情，所以即使遇到挫折那又怎么样呢？生活照样继续，要用一种积极的心态去面对人生。

给家长的心里话

保持自我

我们的生活中不是只有孩子，我们在做父母之前首先是自己。我们的生活绝对不仅仅是围绕着孩子转。当然，我们是他们的养育者，需要提供爱、帮助和支持，但是我们更要记住如何做自己。你要关注自己的身体是否健康、心灵是否得到滋养、心情是不是愉悦……

我每个星期都会给自己两个小时，做能让自己开心和产生心流的事。对我来讲，画油画就是这样的事。我会和孩子协商，这两个小时不要打扰我，我需要做一些让自己心灵得到滋养的事情。所以你也可以规划一些完全属于你自己的时间，做让你自己感到愉悦的事情，这样不仅能让自己感到放松，对孩子来说也更好。

做你想做的父母

什么叫你想做的父母呢？这就是说你可以选择自己做哪一类型

的父母，比如你不想做"虎妈"，不想做"直升机家长"，你想要做一个可以陪伴孩子成长，能和孩子一起学习和玩耍的"海豚妈"，那你就需要找到一个好的团队作为支持，你和你的伴侣要观念统一，无论其他家庭管理得多么严格，都不会影响你们，因为你想做一个适度放手的家长，让孩子能具备思辨能力，有自己的选择权，能够独立完成任务。

愿我们每个人都能做自己想做的家长。我想和所有的家长说一句话："希望你们放心，不要焦虑，我们都是最好的家长。"

2

第二章

学习能力，
实现终身成长

"学习"不仅是孩子成长路上不可或缺的能力，也是他们长大成人后不断进步的基础。"学海"并非"苦海"，没能享受学习的乐趣也并非孩子的错，只是他们没有掌握适当的方法。

　　本章将从脑力训练、学习技巧、智慧形成这三个方面，引领孩子走上快乐、高效学习之路，让孩子拥有终身成长的学习能力。

第 1 节　脑力训练

杨娟、张玉梅《北师大教授的学业提升课》课程精编

很多家长依赖学校的课程学习和课外班的强化训练来提升孩子的学习成绩，但从实际情况看，效果并不理想，甚至可能导致孩子学习兴趣和学习动力的丧失。

实际上，想要提高孩子的学习成绩和学习能力，关键是解决孩子学习的底层逻辑问题。《北师大教授的学业提升课》这门课程就提出用"BMA 学习轮"的方式帮助孩子，其中包括三个关键点：

第一，B（Brain），从脑科学出发，帮助孩子探索适合他的学习方法，弄清孩子用哪种学习方法更高效；

第二，M（Motivation），关注孩子的学习动力，帮助孩子爱上学习，提高孩子的学习兴趣，让孩子对学习产生良好的情绪；

第三，A（Action），让孩子在实践中学习，帮助孩子养成良好的学习习惯。

为了让这三个关键点成为现实，课程中分享了助力孩子学习的科学知识和方法，主要分为四个部分。

第一部分，分享了脑科学与高效学习之间的关系，从脑科学角度分析了如何让孩子的学习更高效，如何让孩子的大脑发育得更好。

第二部分，分析了与孩子学习动力有关的情绪问题，讨论了如何处理孩子由情绪带来的学业问题。

第三部分，分享了一些学习策略，比如学习流程、记课堂笔记、做练习等科学的方法，帮助孩子提高学习质量。

第四部分，介绍了如何帮助孩子养成良好的学习习惯，重点在于养成思维习惯、设定与管理目标以及提高时间利用效率等，帮助孩子明确学习方向，提高自驱力和自控力。

孩子的学习牵动着家长的心。接下来，我们就从以上四个部分入手，一起探索提升孩子学习能力的奥秘，以及让学习行之有效的好方法。

脑科学与孩子的发展

常常有家长说，在孩子一两岁时，他们觉得孩子简直是聪明过人，以后考名校一定不成问题。可是等孩子上学后，他们就渐渐觉得孩子以后能考上大学就不错了。为此，他们还会感到内疚，认为是自己没好好培养，才耽误了孩子的发展，甚至让孩子"变笨"了。

其实，在绝大多数情况下，孩子并没有变笨，家长也没有耽误孩子发展。我们之所以会觉得孩子在小时候更聪明，一方面是因为面对新生命时的爱与期待让我们放大了孩子的优点。随着孩子年龄的增长，我们的期待也会发生改变。随着孩子逐渐长大，他们要学习的文化知识比幼年时所学的生活本领更复杂、更困难，因此就造成了在家长眼中"变笨"的假象。

另一方面，孩子的大脑发育阶段发生了变化，这种变化与能力发展之间有着密切的联系。因此许多家长就对孩子产生了"小时候聪明，长大后变笨"的误解。

脑科学与能力发展

孩子的大脑发育与能力发展之间的关系主要有两点。

第一，孩子大脑的成长发育具有阶段性特点。

科学研究发现，孩子的成长阶段和大脑神经元连接形成阶段是相对应的。在孩子刚出生时，大部分大脑神经元之间几乎没有连接，大脑皮层的大多数区域也不活跃，这时孩子的大脑所拥有的神经元和连接数量要远多于成人。而随着孩子接受的外部刺激增多，孩子的大脑神经可以达到成人的95%。到了十岁以后，孩子的大脑逐渐成熟，功能也更加稳定，也就能够处理更加复杂多样的问题了。

因此，在孩子小时候，很多能力增长的背后其实是生理的变化，孩子表现出来的"聪明"并不是独树一帜，大部分孩子在这个成长阶段都会有类似的表现。

第二，孩子的大脑成长发育是不均衡的。

孩子到六岁时，虽然大脑体积已接近成人的水平，但他们还不能像成人那样思考，因为他们大脑各个区域的发育水平并不均衡。比如，用来控制视觉信号的枕叶最早成熟，所以孩子在几个月大时就能识别复杂的视觉图案；而负责抽象推理、解决复杂问题、主管控制的前额叶皮质，在孩子青春期或成年后才能发育成熟。

这一点给家长的启示是：孩子表现得没有小时候"聪明"，或者处理不了一些在我们看来很简单的事情，可能是大脑发育不均衡造成的，其实孩子的能力一直都在提高。

了解孩子在成长发育中的这些事实，可以帮助我们以更平和的心态看待和接纳孩子，并且在面对孩子的学习问题时，能够从脑科学的角度帮助孩子。

脑科学与高效学习

有一位家长咨询说不知道该怎么管孩子。她的孩子正在上小学四年级，用她的话来讲，"孩子上课听不懂，作业不会做，讲了不爱听，训了没有用"。老师也向她反映，"孩子上课容易走神儿，写作业时更是能拖就拖"。她特别无助："我该怎么办啊？"

从表面上看，这个孩子表现出很多学习问题，但与这个孩子沟通后可以发现，这些问题其实与他在学习中的习惯有关，他没有掌握更高效的学习方法。我们可以从三个方面帮他进行改善。

第一，听课效率。听课效率是影响孩子学习成绩的重要因素之一，而影响孩子课堂学习效果的主要因素是孩子的注意力发展水平。有研究表明，注意力中的执行功能对孩子的整体课业表现、阅读能力、计算能力等有着深远的影响。尤其到了小学五、六年级，执行功能更是与孩子的课堂整体表现有着显著关联。执行能力低，孩子的听课效率就低。

第二，学习风格。学习风格是孩子在获取知识、处理信息和解决问题时偏爱的认知加工方式。一般来说，使用某种或多种感官的孩子会表现出不同的学习风格偏好。研究者按感觉通道进行分类，将学习风格分为视觉型、听觉型和动觉型三种。

视觉型学习风格的孩子喜欢通过看书、看笔记、看图等方式获取知识。这类孩子自己看懂后，就会潜移默化地吸收知识。

听觉型学习风格的孩子倾向于通过听课、听讲座、听录音等方式获取知识。经过讲解后的知识，他们会更容易理解和记忆。

动觉型学习风格的孩子喜欢通过动手操作、建模型和亲身实验来学习。即使是很复杂的内容，这类孩子自己动手做一遍就能掌握。

　　在课堂上，老师通常采用单一、固定的教学方法，因此作为家长，要多观察孩子的学习风格，再结合老师的授课情况，在家里有意识地取长补短，帮助孩子提升学习效率。比如，如果孩子属于视觉型学习风格，但老师在课堂上讲得多、写得少，那么课后就要让孩子通过笔记和课本等书面材料来复习课堂内容，弥补课堂上仅靠听课吸收不够的情况。

　　这里也要注意一点，完善的学习需要调动多感官同时进行，上课时最好听、看、写、发言同时进行。课程越难，越需要孩子的多感官进行协调，从而最大程度地调动孩子的学习参与度，让学习效果更好。

　　第三，高效学习时间。每个孩子都有自己的高效学习时间，有的孩子早晨学习效率高，有的孩子则是晚上学习效率高，这既与孩子本身的生理特点有关，又与孩子的习惯养成有关。对此，家长要观察孩子的日常学习情况，根据孩子的高效学习时间，有针对性地帮助孩子。比如，有的孩子白天学习效率不高，经常感到困倦，家长就可以帮助孩子养成午睡的习惯；而白天活跃、学习效率高的孩子，家长可以针对性地把作业和练习放在白天，让孩子晚上早点休息。

　　总之，家长要尊重孩子的特点，引导孩子采用适合自己的方法和风格学习，同时鼓励孩子扬长避短，不单纯偏爱一种学习方法和风格，拓展多样综合的学习方法。在帮助孩子制订学习计划时，要以孩子为主体，倾听孩子的感受和要求。学习本就是孩子通过实践不断试错、不断获取知识和经验的过程，家长的角色是教练，真正上场的永远是孩子。想让孩子更高效地学习，既要遵循科学原理，也要因人而异。

助力孩子的大脑发育

在认识了大脑发育与孩子学习之间的关系后，家长应该如何助力孩子的大脑发育？可以从以下三个方面入手。

第一，睡眠。

睡眠与孩子的记忆力之间有着密切的功能联系。有证据显示，如果孩子在学习了一段时间后没有补充充足的睡眠，记忆效果会变差；相反，有了充足的睡眠，孩子的记忆效果就会更好。另外，睡眠还与孩子的情绪相关。如果孩子睡眠不足或者睡眠质量不好，就容易激动、愤怒以及出现敌对情绪，对身心造成不良影响。

第二，运动。

运动对孩子发展认知能力有着积极的影响。研究表明，运动可以有效提高孩子的注意力等认知能力，相比静坐休息，在进行60%最大心率的有氧运动后，孩子的反应更灵活，身体更放松，专注度也会增加。

第三，饮食。

我们的大脑主要需要氧气、葡萄糖、氨基酸、不饱和脂肪酸、优质蛋白质等，这些物质都能通过日常饮食获得。饮食不规律、摄入营养不均衡、挑食、偏食，都会给大脑发育造成不良影响。研究发现，不吃早饭的学生，注意力水平与记忆力会明显低于吃早饭的学生。所以，家长平时要注意为孩子提供营养丰富、种类均衡的饮食，保障孩子大脑的发育与成长。

改善孩子的学习情绪

一位妈妈曾咨询这样一个问题：她的儿子乐乐读小学四年级，特别爱发脾气、闹情绪。她本人脾气很好，对孩子也有耐心，但乐乐爸爸是个急脾气，看到乐乐学习拖拉、在学校闯祸，就会生气，有时甚至会动手打乐乐。她觉得乐乐遗传了乐乐爸爸的脾气，又不知道怎样才能让乐乐学会管理自己的情绪。

相信很多家长遇到过类似的问题。关于管理孩子情绪的方法，心理学、教育学中的研究成果很多，但作为家长，并不能把每个方法都应用到生活中。这里分享一套帮助孩子管理情绪的简单方法。

帮助孩子管理情绪

结合情绪智力和情绪调节的科学理论，有一套简单的方法可以帮助孩子管理情绪，叫作"一个前提，两个步骤，三种手段"。

首先，"一个前提"是指情绪无罪。情绪是没有好坏之分的，无论是高兴、生气、愤怒、害怕……每种情绪都有存在的价值。明白了这一点，家长就会知道，情绪管理的目的不是让孩子没有情绪、没有脾气，而是学会恰当地运用和表达情绪。

其次，使用"两个步骤"帮孩子合理地运用和表达情绪。

第一步：看一看。所谓"看"，就是家长能在孩子闹情绪时，看到孩子的情绪是什么；能在自己有情绪时，看到自己的情绪是什么。

有位初一的女生，跟她爸爸关系紧张，两人一说话就吵架，吵架原因也都是一些琐事。当问她："你觉得你爸爸和你吵架时在想什么？"她摇摇头说："可能觉得很烦吧！"

于是，她和她爸爸多了一个任务：在吵架时记录一下对方有哪些情绪。后来这个女生拿来她的记录，其中用了十几个词描述了她爸爸的情绪，如生气、委屈、恼羞、自责、嫉妒、希望等，同时她说："我感觉自己的情绪很复杂，有些心疼我爸爸。"从那以后，这对父女吵架的次数越来越少，彼此也越来越理解对方。这就是看到情绪后的改变。

第二步：停一停。当孩子闹情绪时，家长往往想尽快解决问题，让孩子的情绪快点好起来。可是正因为这样，家长更容易失去"理智"，对孩子发一通脾气，之后又感到后悔、自责。所以家长在这时一定要停一停，等自己的情绪平稳下来后，再去处理问题。

以上两个步骤都是对家长的要求，家长也可以和孩子一起学习，共同掌握这两个步骤。

最后，"三种手段"分别为改想法、改表达和会道歉。

第一种手段：改想法。当孩子闹情绪时，家长不妨换个角度思考。有位青春期的男生，经常和他爸爸对着干，后来他爸爸了解到，青春期孩子的前额叶皮质发育不成熟，控制不好自己的情绪，于是就给自己设置了一个暗示："这小子，傻大个，前脑门没长齐！"虽然冲突仍然存在，但他爸爸的心态改变了，也就不会再跟孩子加深矛盾了。

第二种手段：改表达。家长的表达方式也会影响孩子的情绪。比如，对年龄小的孩子不要讲太多道理，要引导孩子表达自己的想法，比如："跟妈妈说说，妈妈做了什么让你生气了？"或者引导孩子冷静一会儿再处理问题，比如："我们需要等五分钟，五分钟后我们再沟通。"这样就可以打破以往无效的情绪处理方式。

第三种手段：会道歉。如果孩子确实做了错事，家长也不是非要忍着不发脾气，因为这样孩子可能就不知道自己的行为边界在哪里。但是要注意，在对孩子发完脾气后，一定要学会道歉。家长可以告诉孩子，自己之所以发脾气，是因为他的行为让自己很伤心、生气，但自己对孩子发脾气的行为是不对的，所以要向孩子真诚地道歉。

道歉不仅能减少发脾气带来的负面作用，还能教会孩子对自己的情绪负责，孩子在闹脾气后，也会学着向父母道歉。但要记住，不要在道歉的同时夹杂着"如果不是你这么不听话，我能这么生气吗"这种变相的指责，不然就会适得其反。

青春期孩子的情绪问题

随着年级的升高和学习任务的加重，尤其到了初中之后，不少孩子会明显感觉自己花在学习上的时间越来越多，成绩却没有明显提高，因此压力越来越大，情绪也会随之受到影响，不好的情绪反过来又会影响学习，形成恶性循环。

面对孩子的这种情况，家长就要帮助孩子减少压力所带来的负面影响，让孩子有更多积极的情绪体验，从而提高学习效率。但是，要解决孩子的压力问题，就要找到压力的根源，再针对性地帮助孩子缓解压力。

青春期孩子在学习上的压力分为四种类型：生理发展、他人影响、自我评价、社会环境。

第一种类型：生理发展。孩子在成长过程中，身体发育迅速，这会让孩子产生许多困惑、矛盾和内心冲突。比如，当女孩来月经、男孩开始遗精时，孩子就会产生一定的心理压力。此时如果得不到有效指导，孩子就容易表现出情绪问题。

第二种类型：他人影响。老师、家长及身边的亲戚朋友等人对待孩子的方式、态度，也会影响孩子的情绪。比如当家长或老师对孩子期望过高时，就会增加孩子的心理压力，孩子担心自己考不好会让家长和老师失望，所以容易产生负面情绪。

第三种类型：自我评价。大部分青春期的孩子会对自己产生怀疑，陷入身份认同的危机，不知道自己的成长和发展方向，从而产生心理压力。

第四种类型：社会环境。虽然孩子大部分时间是在学校里，接触社会的时间不多，但他们仍然能通过学校里的竞争、家长的焦虑与期待等，感受到社会竞争带来的压力。家长很清楚社会竞争的激烈程度，也清楚孩子努力学习的重要性，所以要注意，不要把过多的焦虑和期待转嫁到孩子身上，避免增加孩子的压力，要通过恰当的方法引导孩子产生自主学习的动力。

了解了以上四大压力源，家长就能根据孩子的现实状况进行排查，找到孩子的压力源，再运用恰当的方法帮助孩子缓解压力。这里分享一个小方法，叫作"美好未来幻游"，家长和孩子一起做，可以有效缓解孩子的压力。

这个方法的核心是四句话。

第一句："等你大学毕业了，想做什么呢？"引导孩子想象自己大学毕业后的美好生活。要注意的是，不管孩子的想象多么不切实际，都不要评价、打击孩子，只要鼓励孩子多描述即可。

第二句："你想到哪里读大学？"可以先到教育部网站下载一

个大学名单，让孩子从名单上选择，不管孩子选择什么大学，都不要批评指责孩子，也不要鼓励他去考更好的大学。

第三句："你觉得考这个大学难不难？"无论孩子怎么回答，都认真倾听，并且告诉他，你认为他能考上，但需要努力一点点。

第四句："为了你美好的理想，你觉得现在在学习方面要怎么做？"听完孩子的想法后，可以给他一些建议，如："我觉得你规划得很好，我有个建议，我觉得……"如果孩子同意，就把规划和建议写下来；如果不同意，可以一起讨论，最终形成孩子对学习的计划。

这个方法的目的是让孩子对未来有美好想象，所以在实施时要注意两点，一是不要省略中间的步骤，二是要管住自己讲道理、找问题的欲望。

帮助孩子合理归因

很多孩子在遇到学习问题时习惯找借口，这让家长很生气。其实，如果孩子具备了合理归因的能力，能对问题进行合理分析，归纳原因并调整改进，就能改掉找借口的习惯。

关于帮助孩子培养合理归因的能力，这里总结了四个小方法。

第一，找"三个原因"。当孩子又一次为自己学习效率低或考试成绩差找借口时，家长可以让孩子找出三个不一样的原因，比如：考试没考好，是因为题目太难吗？还是因为时间不够？或者其他的什么原因？用这种方法引导孩子主动思考问题。

第二，用提问代替质问。发现孩子在找借口时，家长的询问方式很重要，要学会用提问代替质问。比如，"今天在学校发生了什么事？"这是提问；"你今天在学校是不是跟同学打架了？"这就带有质问的口吻了。一旦家长习惯用质问的方式与孩子沟通，孩子为了逃避批评或惩罚，会越来越习惯为自己找借口，所以家长要尽量避免使用质问的语气。

第三，告诉孩子努力不是万能的。这一点对于青春期的孩子来说很关键。家长自己要明白，努力并不能解决所有问题，尤其当孩子真的努力了，成绩仍然没有达到目标时，孩子会认为自己能力不够。此时，和孩子一起分析学习上的问题，改进学习方法，才是最可行的。

第四，警惕孩子的自我损害倾向。有些孩子看起来很懂事，从不找借口，一出现问题就把原因归结到自己身上，这时家长也要注意，因为这也是不恰当地找借口。合理的归因需要实事求是：是自己的问题，就从自己身上找；不是自己的问题，就要从外部寻找。这样才能找准原因，并运用恰当的方法解决问题。

学习的策略

什么样的孩子学习成绩好？

这应该是家长们经常讨论的问题。有的家长认为聪明的孩子成绩好，有的家长认为自觉自律的孩子成绩好，还有的家长认为老师教得好，孩子成绩就会好……

"学渣"各不相同，但"学霸"自有其规律。成绩好的孩子在学习方面是有一些共性的，最重要的一点就是掌握学习的规律。因此，家长要想帮助孩子提升学习成绩，也要了解去学习的规律，并从这些规律中找到答案。

第一个规律：学习就像马拉松长跑，而不是百米短跑。

孩子的成长和发展都有快有慢，但总体上说，成长是一个漫长且不停歇的过程。学习也是如此，有的孩子跑得快些，有的孩子跑得慢些，但同样是一生的事。一个人未来成就的高低，取决于持续的学习能力，而不是某一阶段成绩的好坏。明白了这一点，家长就知道关注孩子长远的能力增长远比一时的学习成绩增长更重要。

第二个规律：影响学习成绩的因素是复杂多样的。

孩子的学习情况是多个因素共同作用的结果，任何一个因素发生改变，都可能引起孩子学习上一系列的变化。因此，家长不要期待用"一招灵"的方法解决孩子的学习问题。同时，家长也要对孩子微小进步叠加在一起的效果充满信心。

　　第三个规律：学习是由易到难、由简单到复杂、由量变到质变的过程。

　　这一点启示家长，不要低估长期主义的力量，当孩子遇到学习问题时，家长的目光更长远，要思考怎样才能让孩子未来获得更好的发展。

　　第四个规律：学习时间与学习效果并不完全成正比。

　　孩子在学习时，并不是学习时间越长，成绩就越好，家长要重点关注孩子学习策略的改进和学习方法的优化，以及影响学习效果的内外部因素。

　　遵循以上四个规律，把孩子的学习过程当成项目来管理，就会容易得多。

流程管理

　　项目管理要遵循一定的流程，孩子的学习同样如此。如果把学习流程简单分类，可以分为三个模块，分别为学习前、学习中和学习后。

　　这里为大家推荐一个"学习流程分析表"，家长可以针对孩子某一学科的学习情况，按照这三个模块的流程，帮助孩子掌握学习策略、改进学习方法。

　　这张表共包含五部分。

　　第一部分：基础情况。这部分主要填写孩子学习的基础情况和学习状态。比如，孩子的数学成绩不理想，那就在这部分填孩子过去的数学学习情况，说明一下孩子是从什么阶段开始出现问题，是学习哪个部分时出现了问题等。还要填写孩子对这一学科的兴趣程度。

第二部分：学习准备。这部分主要分析孩子在学习某一科目时会做哪些准备，如是否提前预习、如何预习等。

第三部分：学习过程。这部分需要家长与老师进行沟通，了解孩子在课堂上的学习情况。

第四部分：复习练习。这部分主要填写孩子在课后对学习内容的复习和练习情况，包括作业完成情况、孩子在完成作业过程中的体验等。

第五部分：补充知识。这部分主要填写孩子在某一学科的学习中需要补充哪些知识，是基础练习还是课外训练，是背诵定义还是强化某个知识点，等等。

这张流程表可以全面地展现孩子的学习流程，目的是分析孩子在每个环节的学习情况，问题出在哪些地方，以及如何改进和提高等。通过小环节的改进，循序渐进，就能给孩子带来巨大的改变。

像"学霸"那样记笔记

在学习流程中，还有一个重要环节，那就是在听课时记笔记。

有一个学生，初二时听课效果不理想，总是抓不住老师讲课的重点。老师建议他记好随堂笔记，课后复习笔记，再做练习，他照做了一段时间，虽然每次都能记满满几页笔记，但效果仍然不好，自己记的笔记也看不懂。

相信遇到这种问题的孩子不在少数，这些孩子也都很困惑，怎么才能既听好课，又记好笔记呢？那些成绩好的孩子都是怎么听课、记笔记的呢？

有一位老师曾给班里同学进行了如何记笔记的培训，效果非常显著。这位老师的培训内容一共有五个要点。

第一，要求孩子记笔记。如果家长或老师没有要求，孩子就会觉得记笔记是可做可不做的事，对课堂笔记也不重视。

第二，告诉孩子，课堂笔记不是记录老师全部的话，而是将重要内容记下来。形式可以不漂亮，但自己要能梳理清楚，便于课后复习。

第三，不同的课要记不同的要点，比如语文、英语要记重点词语、句型；数学主要记老师解题的新思路，或补充的定义、定理、公式、例题等。另外，自己不懂的问题和疑点也要记上，便于课后思考，或向老师请教。

第四，教孩子使用短语、数字、图表、缩写、符号等方法记笔记，这样可以节省时间，不影响听课。

第五，记完笔记后一定要复习，这也是记笔记最关键的一点。

孩子养成记笔记的习惯后，一方面可以提高听课效率，让注意力更集中；另一方面，笔记是在课堂记录、在课后使用的，这也是记笔记的关键点。不管用哪种方式记笔记，都是为了课后复习使用。如果记完不用，那记笔记就失去了意义。

掌握了以上五个要点，相信你的孩子也能高效地听课。

找到最近发展区

最近发展区理论是由苏联教育家维果茨基提出的一种儿童教育发展观。他认为，孩子的学业发展有两种水平：一种是现有水平，即孩子能够独立解决问题的水平，比如不依赖任何指导和资料就能做完的练习；另一种是孩子可能的发展水平，即孩子通过学习和训练所获得的潜力。两者之间的差异，就是孩子的最近发展区。

打个比方，孩子已掌握的知识和技能就像一个蛋黄，而通过学习和训练能达到的水平就是蛋壳，中间的蛋清部分就是最近发展区。关注孩子的最近发展区，能有效地提高孩子的学习成绩。

一般来说，如果孩子在学习过程中遇到问题，家长要么让孩子不停地背公式、背定理、刷题，要么揪着孩子的错误反复练习。其实这些方法都不可取，因为有些题目和知识点是超过孩子的发展区的，只专注于当下的练习很难有成效。

正确的方法是，在发现孩子出现错误时这样问他："你解答这道题目时是怎么思考的？"注意，不要让孩子天马行空地自由回答，而是给他三个选项，这三个选项很重要，一定要让孩子认真选择。

第一，孩子对这道题的感觉是"看见就会，做了就对"。也就是说，孩子看到这道题时就知道怎么做，并且相信自己不会做错。如果孩子选了这个选项，那么这道题就在"蛋黄区域"。

第二，孩子对这道题的感觉是"看见了不知道会不会，但可以尝试去做，有时做对，有时做错"，或者"看了觉得会，但做出来是错的"。这说明，这道题属于孩子最近发展区中的题，也就是"蛋清区域"。

第三，孩子对这道题的感觉是"看到就知道不会，做了也肯定做不对"。那么这道题就超出了孩子的最近发展区，是"蛋壳区域"。

家长要想帮助孩子提高成绩，就要针对孩子的最近发展区进行训练，也就是那些他看起来会，但会做错，讲了可以明白的题，或者看到后不知道会不会，但可以尝试做，有时做对、有时做错的题。

随着孩子最近发展区题目练习的增加和效果的巩固，孩子的自信心会越来越强，学习主动性也会提高，即使是以前那些令他痛苦和抗拒的难题，他也会去慢慢研究。当孩子带着这种态度再去"蛋壳区域"学习时，效果就理想多了。

让孩子养成好的学习习惯

学习习惯对孩子学习能力和成绩的影响不言而喻。孩子学习成绩的好坏，不仅与孩子的大脑发展有关，与良好的学习习惯也密不可分。

学习习惯一般包括孩子在学习时的思维习惯、目标制定与执行习惯、自控力、手机使用习惯等。帮助孩子在这些方面养成良好的习惯，对提升孩子的学习能力和学习成绩大有帮助。

思维习惯

有的孩子看起来非常聪明，但学习不努力，成绩也不理想，无论老师、家长怎样苦口婆心地劝说、鼓励，孩子就是不愿意学习。这通常是因为孩子形成了固定型思维。具有这种思维的孩子，认为人的能力是固定的，并且认为能力强的人不需要努力，如果一件事自己只有努力才能做到，那就是自己能力不强。显然，带着这种思维习惯学习是很难出好成绩的。

与固定型思维相对应的是成长型思维。具有这种思维的孩子认为，努力是取得成功的必要手段。即使面对错误或批评，成长型思维的孩子也会认为，这些负面评价可以为自己提供重要反馈，是帮助自己学习和成长的有效工具，因此他们也更容易从失败中获得成长。

家长可以从三个角度训练孩子的思维习惯，帮助孩子培养成长型思维。

第一，家长要为孩子树立"大脑是可塑的，能力可以培养"的意识，不随便给孩子贴负面标签，要引导孩子看到自己的优势。

第二，告诉孩子"努力比天赋更重要"。无论孩子是否取得成绩，家长都要对孩子的付出表示肯定，可以经常对孩子说，"努力的人都值得敬佩""相比成绩，我更看重你有没有努力"。

第三，训练孩子"不怕犯错，从错误中学习"的思维习惯。进步的过程正是从一次次从错误中学习的过程，对待错误的态度不同，养成的思维习惯就不同。只有孩子不怕犯错，才会思考下次如何不再犯，这就代表孩子掌握了不断进步的窍门。

目标制定与执行

家长都知道学习目标的重要性，因此经常会让孩子制定学习目标，以此来激励孩子更加积极主动地学习。但是，拥有目标并不等于能够高枕无忧，想让目标对行动产生促进作用，还要遵循三个步骤和两条原则。

首先是三个步骤。

第一步，帮助孩子确立学习的宏观目标。

孩子的学习目标通常分两种，一种是宏观目标，就是距离当下比较远、不能立刻实现的目标；另一种是微观目标，就是最近的学习目标，比如接下来一周的学习任务。很多家长习惯于关注孩子的微观目标，也就是孩子当下的学习任务，而忽略宏观目标的制定。其实，如果缺乏宏观目标，孩子就不知道学习任务的终点在哪里。就像跑步，如果不知道自己最终要跑向哪里，动力就会下降。而宏观目标起到的就是指向性作用，能告诉孩子学习任务的方向在哪里。制定宏观目标时可以大一点，能够让孩子产生行动的张力。

第二步，帮助孩子把宏观目标分解为微观目标。

不管是学习还是做其他事，我们既要知道终点在哪里，也要知道每个节点在哪里，而微观目标就是一个个节点，可以让孩子知道自己每一步学习的进度，帮助孩子不断树立信心。所以，微观目标的制定原则就是过程导向，任务要具体，容易操作。

第三步，监督孩子完成微观目标并进行反馈。

孩子在执行学习任务时，有时可能会产生怀疑心理：自己这样做，真的能实现那个大目标吗？这时家长就要及时给予孩子支持和鼓励，引导孩子为了宏大的目标而继续坚持。

有时，微观目标可能出现偏差，家长需要及时帮助孩子做出调整，让孩子看到目标完成的可能性，增强孩子的学习信心。另外，在帮孩子制定学习目标时，一定要与孩子充分沟通，因为只有孩子认同的目标，才会对他产生促进作用。

然后是两条原则。

第一条原则：微观目标要同时具备可行性、具体性、有时间限制、与宏观目标相关联、可衡量这五个特点，不能是虚幻空洞的。

第二条原则："孩子是主体"。执行学习任务的主体是孩子，所以制定的目标必须得到孩子的认同，否则，孩子在学习中就容易退缩。只有孩子自己认同的目标，在执行过程中才会更积极、更有动力。家长要做的，就是及时给予孩子正向的反馈和有效的鼓励，让孩子将目标坚定地执行下去。

自控力

很多家长反映，孩子学习时自控力太差，受不了外界的干扰，只要有干扰信息，就会心不在焉，管不住自己。关于如何提高孩子在学习中的自控力，有五个步骤可参考。

第一步：减少诱惑。

要提升孩子的自控力，不能只要求孩子靠毅力战胜一切诱惑，因为在一些诱惑面前，保持毅力是徒劳的。相对而言，更有效的方法是减少外界因素对孩子的诱惑。比如不想让孩子吃零食，那就不要让孩子接触零食。孩子看不到，自然也就不吃了。

第二步：培养孩子等待的能力。

自控力就像我们的肌肉，可以通过练习来增强。如果你经常去健身房，你就会变得越来越强壮；同样，如果经常锻炼孩子等待的能力，孩子也会越来越自律，越来越能控制自己。

第三步：教会孩子一个好用的策略。

这个策略叫作"预想可能"，就是通过与孩子沟通，让孩子知道自己可能面对的诱惑，或者在哪些情况下自控力会变差，接着再教孩子一些有效的策略来应对。比如面对一份美食，可以先让孩子等待几分钟再吃，给自己一个缓冲时间。由于孩子提前预想了可能出现的情况，并想好了应对策略，当事情真正发生时，也就有了一定的自控力。

第四步：积极体验。

孩子的自控力并不是在失败中学习的，而是从能控制的事情中学习的。所以，为孩子创造自主选择的机会，增加孩子的控制体验，要比批评孩子自控力差更有帮助。

第五步：利用习惯的力量。

一个人一旦养成某种习惯，在做事时，大脑就会产生自然反应，而不再需要理智地进行思考和计算。比如想让孩子睡前不玩手机，那就帮助孩子养成这一习惯，开始时可以逐渐减少孩子玩手机的时间，坚持一段时间后，孩子形成习惯，对玩手机这件事自然就会表现出较强的自控力。

合理使用手机

手机的普及给我们带来了前所未有的便利，同时也带来了很多家庭教育的问题。尤其在孩子玩手机这件事上，很多家长很困惑：到底是该完全杜绝孩子玩，还是适当允许孩子玩？

大量研究表明，智能手机和网络的正确使用，可以对孩子的成长产生一定的积极影响。只要正确、合理地使用手机和网络，就能发挥积极作用，比如开阔孩子的视野，提高孩子的学习兴趣，丰富孩子的生活，同时还能促进孩子的创造力和思维力发展，对孩子的社会行为产生一定的积极影响。

但是，手机和网络也给孩子带来了很多负面影响，如沉迷游戏、视力下降，甚至影响孩子大脑的正常发育。

那么，怎样让孩子科学地使用手机呢？这里分享三个实用的小方法。

第一，为孩子补充心理营养。

心理营养包括归属感、成就感、价值感、掌控感和丰富的生活体验等。当孩子的心理营养不足时，就容易沉迷于玩手机，到虚拟世界中寻找心理抚慰。

所以，家长平时要多陪伴孩子，多给孩子创造丰富的现实体验，增强孩子的归属感，挖掘孩子的兴趣爱好。孩子的心理营养丰富了，自然就不容易沉迷玩手机了。

第二，对孩子使用手机"约法三章"。

这一点主要体现在孩子使用手机的时间和时长上，一定要严格限制，一般小学前的孩子连续使用手机等电子产品的时间不应超过15分钟。

第三，对孩子使用手机实行"定位法"。

　　如果孩子使用手机是为了查阅资料、学习知识，家长当然可以放心。但如果孩子通过手机接触一些不良信息，或是沉迷游戏，家长就要对手机进行"定位"，要求孩子只能在被允许的信息检索范围内使用手机。比如，孩子可以在"学习工具、沟通工具、信息媒体、娱乐工具"等范围内使用手机。当然，家长事先也要认真与孩子沟通，得到孩子的认同，并告知孩子为什么要这样"定位"，鼓励孩子自己控制使用手机的范围。

　　很多家长在孩子身上投入了大量的时间、金钱、精力，希望能帮助孩子更好地发展，最终却发现，自己越来越不知道怎么教育孩子、怎么帮助孩子。实际上，虽然每个孩子的个性特征、成长路径、发展方向各不相同，但爱孩子、懂孩子、积极地学习和进步，始终是每位父母在家庭教育中帮助孩子的基础，也是助力孩子的不二法则。

　　理解脑科学与学习的关系，能让家长更科学地关注孩子大脑发育、帮助孩子学习。希望本节内容能对各位有所帮助。

第 2 节　自主学习

付立平解读《给孩子的五顶学习帽》

中国青少年研究中心的一项调查显示，在初中及以上的孩子中，有 60% 失去了学习动力。孩子的学习动力和习惯并非到初中才开始养成，而是需要从小培养。"双减"政策实施后，孩子的学习场景更多地向家庭倾斜，于是孩子学习拖拉、不专心、写作业不认真、严重偏科、沉迷游戏、被家长说几句就"玻璃心"等问题完全暴露在家长面前。表面上看，是孩子不够努力，但学习态度的转变与好成绩的获得远不是靠"努力"二字就能达成的，它需要习惯、自律、情绪等多方面的配合，从系统上调整。

其实，每个孩子都是有学习意愿和学习能力的，他们从"被动学习的学困生"到"自主学习的优等生"，相差的可能只是家长对学习的认知，以及对科学培养孩子自主学习方法的掌握。《给孩子的五顶学习帽》这本书可以帮助家长学会更好地从系统上解决孩子的学习问题，培养孩子的自主学习能力。书中将自主学习力拆分为五个维度来培养，形象地冠以五种颜色的帽子。通过这本书，我们既可以让自己成长为智慧型家长，又可以引导和帮助孩子获得自主学习力，从而有动力、有能力去迎接未来的挑战。

白色学习帽：学习内驱力

如果我们把孩子的人生比喻成一辆车的话，家长首先要解决的就是发动机问题。内驱力就是孩子未来人生的一个发动机，如果发动机不运转，那么无论你施加怎样的外力，孩子的这辆人生之车都行驶不起来。相反，如果孩子具备了学习的内驱力，那也就具备了完全自主学习的能力。这时，他们就能产生强烈的内在愿望，拥有一定的行动力，能够自愿地付出努力，无论是在学习上还是生活中。

解决孩子学习内驱力的问题有几种有效路径，以下是可以立即采取的三种。

培养孩子的成长型思维

很多家长因为孩子的成绩不如同学，而气愤地数落孩子"笨"或者"蠢"。我们都希望孩子能意识到自己与同学的差距，认真学习，下次把成绩提高一些，但遗憾的是，孩子的想法往往与家长背道而驰。每当你说孩子"笨""蠢"，其实都是在给孩子"贴标签"，孩子会真的认为自己就是这样的人，做什么都不行，这就容易导致孩子形成固定型思维，以后很难再通过努力获得进步。

要解决孩子的学习问题，家长就要先解决孩子的思维方式问题，培养孩子的成长型思维。只有当孩子觉得自己的内在是有力量的，自己是可以通过努力改变现状的，他才愿意行动，去面对和解决自己在学习中遇到的困难和问题。对此，书中提出了一个有效的工具，就是鼓励，但单纯地对孩子说"你真棒""真厉害"这类话并没有什么效果，属于无效鼓励，真正有效的鼓励应该是为孩子赋能。这里，书中也提供了三个句式。

第一个句式是"我看到……"。你需要客观地描述你看到的孩子在学习中的一些细节和具体行为，而不是主观地去评价孩子。比如，当孩子的成绩和班级平均分有差距时，你可以问问孩子有什么想法，这样孩子就会知道，妈妈是在就事论事，跟自己探讨这次成绩不理想的原因，由此也开始思考自己为什么这次没考好，下次该怎么做才能提高成绩。

第二个句式是"你通过……所以……"。你要让孩子明白，只有通过自己的努力，才能获得成长的结果。比如，面对试卷上的错题，你可以问问孩子要掌握这个知识点应该怎么做，多练习几遍是不是会有帮助。如果孩子通过练习把错题做对了，就可以肯定他的努力："你通过练习把这些错误都改过来了，你已经熟练掌握了这道题，下次遇到同样的题型，你就知道怎么解答了。"这会让孩子觉得，题目做对或做错，跟自己是否聪明无关，而跟自己的努力程度相关。

第三个句式是"在……这件事情上，是因为……还需要加强"。家长要把对孩子行为的评判跟对孩子本身的评价区别开，充分关注每一件事情本身，做到对事不对人，避免简单地贴标签。比如，当孩子成绩不理想时，家长可以告诉孩子"在成绩不理想这件事情上，是因为某些方面的知识点还需要加强，如果你需要帮助，可以找爸爸妈妈，我们愿意陪你一起巩固"，而不是说他笨、不努力。这样孩子就会觉得，不是自己能力不足，而是没有找到解决问题的方法。

帮助孩子建立目标感

孩子获得了成长型思维后，接下来还需要一个持久的成长动力，这个成长动力就是目标感。想让孩子建立目标感，变被动学习为主动学习，书中提出了"六步走"。

第一步："谁说了算"——激发动机，让孩子自己确立目标

制定目标的目的，是激发孩子的学习动力，这就要求目标必须是孩子发自内心认同的。这是孩子获得行动力，努力去实现目标的基础。

第二步:"跳一跳够得着"——把大目标拆解为一个个难度适中的小目标

如果把孩子的目标定得过于宏大,孩子就会对目标产生畏惧感,导致那些原本能实现的目标也很难实现了。但如果我们把大目标分解成一个个让孩子"跳一跳就能够得着"的具体小目标,孩子就能清楚地知道自己每一步该做什么,怎么做可以做好。

第三步:"及时提醒"——与孩子约定提醒信号

在执行目标的过程中,孩子会遇到很多困难,一旦泄气了,就会退回原来的模式中,原本可以实现的目标也无法实现了。所以,在分解完目标后,我们还要跟孩子讨论一下,如果他忘记小目标,或者不想坚持时,希望爸爸妈妈怎样提醒他。最好和孩子约定一些有趣的提醒方式,比如孩子某天睡前不想按计划阅读时,我们就可以念出约定的"暗号",如"巴拉巴拉,赐你智慧"等,这既能提醒孩子,让孩子克服懈怠情绪,又有利于亲子关系的亲密与和谐。

第四步:"微小成就感"——让阶段成果清晰可见

孩子每实现一个小目标,我们都要及时鼓励和表扬。书中推荐了一种叫作"目标清单"的方式,就是把孩子要完成的学习任务列成清单,每完成一项,就让孩子在清单中打个勾,既能感受到学习的仪式感,也能时刻看到自己努力后的成果,强化孩子的学习动力。

第五步："及时总结"——根据变化，适时修正目标

孩子的目标不应该是固定不变的，在努力过程中，各种原因都可能造成目标错位，这时我们要协助孩子调整或修正目标，保持目标的灵活性。

第六步："仪式感"——及时鼓励和肯定孩子的努力和成绩

仪式感可以帮助孩子体会到学习的快乐和价值。比如，在孩子取得好成绩时，你可以和孩子一起庆祝一下。保持这种充满仪式感的正向反馈，可以让孩子产生更好的学习体验。

引导孩子获得自我价值感

我曾经在一次聚会中遇到一个 9 岁的小男孩。当时，屋里其他孩子都在玩耍、打闹，只有他拿着手机全神贯注地看。刚开始我以为他在玩手机，走近后才发现，他正在看一个清华大学教授讲的数学网课。我问他："你这么小，能看懂这个吗？"他说："这是我自己找的视频，虽然内容有点难，但听下来也能理解，我觉得很有意思。"

这个男孩的行为，就是具有学习内驱力的明显表现。他在学习中体会到的不是辛苦，而是乐趣，这就是学习带给他的自我价值感。

要让孩子获得价值感，书中提出了三个关键点。

第一个关键点是找到适合孩子认知能力的"学习区"，让孩子感到学习的成就感。这个"学习区"的内容既要包括孩子原本了解的知识点，又要包括一些新的有挑战性的知识点，一般在已学过的知识点占 85%、挑战性的知识点占 15% 的情况下，孩子学习时会感到有一些挑战，但又能克服，这是最能让孩子体会到学习的成就感的。

第二个关键点：帮助孩子找到他的兴趣和能力优势。这一点需要家长认真观察，但最终还是要尊重孩子的选择。

第三个关键点：用成就感和使命感帮孩子提供持久动力。家长可以通过一些行为让孩子感受到"我能行""我可以胜任""我很幸福"等，这些都能转化为孩子源源不断的学习动力。

红色学习帽：情绪自控力

在生活中，很多家长面对孩子的负面情绪，要么逗弄，要么哄骗，要么妥协。这几种方法确实有效，但久而久之，孩子就会缺乏对情绪的感知力。当孩子产生负面情绪时，他的第一反应会是无助、慌张、羞耻等，他还可能刻意地去对抗这些情绪。

如果孩子长期处于一种情绪对抗的状态之中，他自身的很多能量就要用于解决一些安全问题，比如与父母之间的冲突，甚至是与他人之间的冲突。相反，孩子只有在一个情绪稳定的状态下成长，其所有的内在能量才会用于自我成长。

要让孩子在一个情绪稳定的状态下成长，书中总结了几种方法，以下是最有效的三种。

培养孩子的情绪自控力

根据高兴、紧张、吃惊、生气、失望、暴怒等情绪词汇绘制一幅情绪脸谱图。当孩子不知道自己当下是什么情绪，或是不能准确表达时，我们就让他对照这幅脸谱图，指出自己此刻的感受与图中哪张脸谱是相同的。

此外，我们也可以将情绪认知融入日常生活中。比如，吃到美食时，我们就可以尽情地表达出来："好美味呀，太幸福了！"感到难过时，我们也可以试着流露出来："我很难过，想哭一会儿。"

家长还可以制作情绪卡片，卡片正面是"伤心""生气""委屈""愤怒"等各种各样的负面情绪，然后让孩子分享和这个情绪相关的故事，并一起讨论解决方案，将感觉舒服的情绪处理方法用"我可以……"的句式写在或者画在卡片背面，让孩子意识到负面情绪并不可怕，有很多方法可以与其和平共处。

这些方式都能很好地启发孩子认知情绪。

学会让情绪积极暂停

很多家长在教育孩子时，一旦遇到问题就容易爆发。我们形容这种状况是"大脑盖子打开了",你的原始大脑和你的情绪在工作,而你的理智大脑基本不工作了。在这种状态下,你会特别容易跟孩子起冲突。

举个例子,一位从事家庭教育多年的助教老师曾跟我分享过她的一次情绪爆发的经历。按计划,她女儿9点钟就应该准时上床睡觉,可那天直到9点30分,孩子还在磨蹭,作业也没完成。她几次三番引导和催促孩子,始终没有效果,终于她忍无可忍,冲过去一把将孩子书桌上的文具书本全都推到地上,大声对孩子吼起来:"既然你不想写作业,那就都扔掉吧!"

显然,这位妈妈是用情绪爆发的方式来催促孩子端正学习态度,结果事与愿违,不但问题没解决,还让孩子感觉很糟糕。一个感觉糟糕的孩子,是很难产生"我做得很好"的想法的,因为他不得不分出很多精力来消化并对抗父母的坏情绪,无法将全部精力用于解决自己的学习问题。

家长虽然不好控制情绪,但处理情绪的方式是可控的。书中向大家介绍了一种方法,叫作情绪积极暂停。具体来说,就是在与孩子沟通时,家长一旦感觉自己产生不良情绪了,要立刻按下情绪暂停键,及时"合上自己打开的大脑盖子",确保自己用理性的方式与孩子沟通。

怎么做到这一点呢?

首先,你需要在家中布置一个"积极暂停角",可以是在卧室、厨房、洗手间，总之是让你或孩子能感觉好起来的一个场所。

接下来，你需要分四步处理自己的情绪。第一步就是情绪识别，比如告诉自己"我现在很生气""我现在很沮丧""我现在很悲伤"等。第二步叫作情绪归因。你可能会因为孩子表现不佳而产生不良情绪，但其实孩子的行为只是你的情绪的诱发事件，产生不良情绪的是你自己。这时，恰当的处理方法是先对孩子说："我现在感觉很生气，但这是我的问题。"当我们进行了正确的情绪归因后，就可以向孩子说明情绪处理的方法，比如"我需要去我的情绪暂停角待一会儿，让我自己好起来"，这也是第三步要做的。第四步叫作安全感确认，就是告诉孩子，等我好起来之后，再来跟你一起解决问题。这就会让孩子以你为榜样，以后也能更好地处理自己的情绪。

引导孩子在错误中获得经验和成长

孩子犯错后被大人批评时，通常会有两种表现：一种是对父母产生抵触情绪，不再信任父母，以后再发生类似问题，孩子会尽力掩盖，不让父母发现；另一种是默默承受，在心里埋下"我不够好，我是不被爱的"的种子。

其实，犯错对于孩子来说是个很好的学习和成长的机会。心理学家马努·卡普尔曾提出一个"有效失败"的概念，他认为孩子如果能从失败中获得经验和教训，这个失败就是"有效失败"。同样，孩子犯错误后，如果家长能引导孩子从错误中吸取教训，获得新的经验与感悟，那么这个错误就是"有效错误"，对孩子来说就是有价值的。更重要的是，这可以让孩子明白，犯错是一件很正常的事，不要害怕，更不必掩饰，从错误中学习和获取经验才是成长的必经之路。

黄色学习帽：习惯自控力

一些家长习惯把孩子的日常生活安排得井井有条，甚至硬生生地把孩子的生活内容从社会生活中分离出去，让孩子的生活中只有学习、写作业和上各种兴趣班。这种做法可能会在一定程度上增长孩子的知识技能，但孩子的基本生活能力完全丢失了。不仅如此，孩子在学习上也越来越拖拉，明明要在规定时间内完成学习任务，却磨磨蹭蹭，经常完不成。

孩子的这些表现大部分是缺乏习惯自控力导致的。书中提到了一个习惯自控力中所包含的重要能力——时间管理能力，也就是让孩子学会管理自己的时间，自己来安排每个时间段该干什么，而不是全部由家长说了算，以此来培养他的习惯自控力。培养时间管理能力也有一个实用有效的办法，也就是制订日常惯例表。

需要注意的是，制订日常惯例表与布置任务不是一回事，简单地给孩子布置任务，不但不能让孩子养成好的学习习惯，还会破坏孩子原本趋于向好的自然天性。

关于如何制订日常惯例表，我跟我女儿刚开始是按以下流程做的。

第一步，我会跟她讨论一下，对于某段时间她打算怎么安排，在这段时间里，她都有哪些事情要完成。我会把这些事情都帮她记录在一页纸上。

第二步，我会问她"你打算做的第一件事是什么？然后再做什么？最后做什么？"，直到她把所有事项按照主次顺序全部编号排好，并写上对应的时间点。

第三步，我会再问她，是否愿意根据每件事来画一幅画，或者她在做每件事时给她拍一张照片，将这幅画或这张照片贴在惯例表上，增加孩子学习和做事的仪式感。

最后一步，就是把这份惯例表贴在家中醒目的位置。

制订日常惯例表时，必须让孩子参与其中。相比于家长的硬性安排，孩子更愿意遵守和执行自己提出的计划。在执行惯例表和习惯养成的过程中，孩子可能会因为年幼而做不到位，或坚持一段时间后，发现有些内容不合适，不利于某些学习习惯的养成，这时还需要家长跟进执行。

在跟进执行时，书中也总结了几种方法。

第一，你要发自内心地信任孩子可以按照惯例表去执行其中的每一项学习任务，而不是像个"监工"一样，不停地提醒孩子、催促孩子。这是不利于惯例表的有效执行的。

第二，在执行过程中，有时候也需要你适当地提醒孩子。比如孩子玩游戏时间过长，已经超过了规定时间，这时就要提醒孩子，该进行下一项任务了。但在提醒时要注意两点。首先，你需要尽量提前一点提醒孩子，不能到点再去提醒他，并要求他马上去执行下一项任务，这会令孩子无法快速进入学习状态中。你可以提前十分钟或五分钟提醒孩子一下，让孩子有个心理准备。其次，在孩子尚未形成习惯的早期，你的提醒态度要坚定，但语气一定要温和，不能因为孩子撒撒娇、要要赖就屈从了。

第三，日常惯例表制订好后，还要留出一段时间缓冲和调整。这一点可以与孩子提前约定，比如实施一周或两周后，如果孩子感觉哪些地方不合理，你们可以对其进行调整，直到让孩子逐渐适应惯例表的安排。

第四，在帮助孩子制订日常惯例表时，要把孩子的娱乐、学习和生活等内容都安排在内，对时间进行统一分配，让孩子学会将学习与娱乐均衡搭配。因为孩子的日常行为、娱乐等都属于生活的一部分，也都需要孩子学会自己去安排和管理。只有这样，孩子才能真正养成习惯自控力，做事和学习才能杜绝拖延。

黑色学习帽：学习抗逆力

孩子在学习中遇到问题和困难时，处理方式分为两种。一种是以乐观的心态面对，积极寻找解决方案，并从困难中学到更多的经验。另一种恰恰相反，孩子遇到一点困难就想逃避，"玻璃心"严重，对那些有难度、有挑战性的新活动，更是直接宣告放弃。更糟糕的是，有些孩子遇到一点挫折就崩溃，心理修复能力极差，甚至会走向极端，非常令人痛心。

我们都希望自己的孩子有第一种心态，但家长面对更多的可能是第二种心态的孩子，这些孩子的表现其实就说明其抗逆力差。

抗逆力是一种在逆境中养成的独特能力，包括抗挫折、反脆弱、抗诱惑等多种能力。孩子具备了这种能力，才能更有弹性地应对学习和成长过程中的各种问题和挑战。

书中总结了一些提升孩子学习抗逆力的有效方法，这些方法都是建立在心理学基础之上的。

让孩子能从学习中获得"好的感受"

孩子要坚持一件事，并且克服完成这件事过程中的种种困难，有一个重要前提，就是这件事可以带给他"好的感受"。学习也是一样，当孩子认为学习能让他产生"好的感受"，且这种感受不断积累时，他才具有持久的学习力。

所以，要培养孩子的抗逆力，父母就要努力为孩子营造这种"好的感受"，比如给予孩子充分的爱、尊重和接纳，让孩子在内心中建立起安全感；当孩子在学习中遭遇失败时，能够转化思维，多看到孩子进步的方面，多给孩子鼓励和信任，帮助孩子重新获得成就感和面对问题的勇气。孩子知道父母一直都在身后支持自己，才会从学习中积累越来越多的"好的感受"，并在面对挫折时产生超强的抗逆力。

用"ABC 理论"培养孩子乐观的技能

"ABC 理论"是由心理学家阿尔伯特·埃利斯和艾伦·贝克提出的一种"理性情绪行为疗法"，目的是培养一个人的乐观心态。它的核心要点是"发生了什么事不重要，重要的是你怎么解读这件事"。

A（adversity）代表不好的事情，可以是我们遇到的任何负面事件。

B（beliefs）代表想法，就是我们对不幸事件的看法与解释。

C（consequence）代表后果，即不愉快的事件发生后，我们的感受和行为是怎样的。

通常人们认为，A 事件会自动导致后果 C，但阿尔伯特·埃利斯认为，其实是 B 引发了某种特定的后果。比如，孩子考试失利时，如果他看到的是"自己考得这么差，肯定追不上同学了"，他就会感到很沮丧，甚至丧失继续努力的信心，但如果他看到的是"这次考试把自己不会的问题暴露出来了，可以趁机复习巩固，争取下次考好"，这时他内心就会充满斗志。在这个过程中，考试失利这件事就是 A，是一个不变的事实，但真正影响结果 C 的是人们对 A 的想法和解读，也就是 B。消极的想法和解读自然会导致消极的结果，而积极的想法和解读也会带来积极的结果。

这种积极解读的能力是可以练习的，家长可以自己练习熟练之后，再把它教给孩子，并告诉孩子，他所有的感受都是正常的。如果他感觉生气、害怕或难过，那是因为某个想法 B 触发了感受 C，而一旦他找到了那个想法 B，就可以改变自己的感受 C。

举一个我女儿的例子，她刚上中学时，有时考试考不好，回到家就会很沮丧，这时我并不会批评她，而是跟她说："你感到有些难过是吗？你的感受是正常的，换作我，我也会难过。不过，我也会换个角度来思考，这次考试不理想的原因是什么呢？是因为哪些知识点没掌握，还是因为老师讲的知识没理解？"这时，她就会摆脱原来的情绪，开始思考和寻找原因。多次训练后，她就养成了一个习惯：一旦某次考试考得不理想，她就会先自己找原因，然后告诉我，她是因为哪里没搞明白，或是哪个知识点没理解，得去请教一下老师。

　　当孩子能够客观积极地解读学习中遇到的问题时，他就能给出更加乐观的解读结果，这就是孩子的抗逆力。

丰富孩子的现实体验，增强孩子的抗虚拟感

　　如今，计算机、手机等电子产品的普及让孩子在认识世界、增长知识的同时，对电子产品也产生了过度依赖心理。他们时常沉迷于网络上的各种虚拟游戏，从中体验现实世界中无法获得的代入感、成就感和归属感。这会给孩子的成长带来很大的不利影响。

　　要想让孩子摆脱电子游戏和虚拟网络的诱惑，就要不断丰富孩子的现实体验，让孩子在现实生活中获得更多的愉悦感和价值感。书中为家长提供了两种方法，帮助孩子增加抗虚拟感，抵御网络诱惑。

　　方法一是家长要适度放手，允许孩子使用电子产品，但要事先和孩子讨论一下，他对哪些东西感兴趣，再结合孩子的兴趣及需要提升的技能，和孩子从网络中优选一些资源。这样不但能满足孩子想要接触电子产品的心理，还能让孩子接触一些有趣、有益的内容，激发孩子的学习兴趣。

　　方法二是和孩子一起订立使用规则，规定有限的屏幕使用时间，比如在一段时间内，孩子只能专注于一两个项目；每次使用时间不能超过多久；每天最好在哪个时间段使用电子产品；等等。

　　技术和工具本身就是中性的，没有绝对的好与坏。只要我们引

导孩子正确使用电子产品，就能让电子产品发挥正向作用。孩子既能通过适度使用电子产品激发学习兴趣，还能抵抗虚拟网络的诱惑力，从而提升抗虚拟感和抗逆力。

蓝色学习帽：学习竞争力

我们解决了前面"四顶帽子"的问题后，孩子就自动进入一个自我成长的过程之中了，但是，家长仍然要注意对孩子自身竞争力的挖掘，让孩子真正爱上学习，增强学习竞争力。

举个例子，朋友的女儿妞妞上小学三年级，在家长会上，老师告诉朋友，妞妞上课从来不举手提问，即使老师点她的名字，她站起来也经常不说话。回到家后，朋友就问女儿为什么不在课堂上提问，女儿说："我不知道问什么呀，而且要是我问得不好，同学们肯定会笑话我的。"

善于提问和会提问，对于孩子的学习来说十分重要，当孩子对学习内容充满好奇时，他们会提出层出不穷的问题，产生主动学习和探究的内在动力。

书中列举了五个有效激发和挖掘孩子学习动力的策略。

鼓励孩子提问题

很多孩子不爱提问的原因有两个。一个原因是当孩子小时候提问时，父母会无意识地打压，而不是鼓励，比如会嫌孩子烦，觉得孩子的问题很傻，慢慢地，孩子就不想再问了。另一个原因是父母经常以命令的方式安排孩子的生活，而不是询问孩子的意见，比如对孩子说："去刷牙！去洗脸！"这就让孩子习惯于听从命令，而不是主动思考。

孩子在问问题时，大脑也在不停思考，如果我们能正确回应孩子的问题，就能更好地培养孩子的提问思维并激发他们的探索欲望。书中推荐了两个培养孩子提问能力的方法。

一种方法是把问题抛给孩子，引导和启发孩子思考，比如经常问孩子"你觉得这个问题还有其他的解决方法吗？""接下来你打算怎么做？"等等。启发式提问也要讲究方法，书中总结了启发式提问的五大"黄金问句"，分别为："你说呢？""还有吗？""你有什么想法？""你认为呢？""你的选择是……？"。同时要注意，尽量少问孩子"为什么"，因为这更像对孩子的质问，而不是启发。

另一种方法是运用 KWL 提问表格。它一共分三步。

步骤 K：Known，就是（关于学习主题）我已经知道了什么？（What I have known?）

步骤 W：Want，就是（关于学习主题）我想知道什么？（What

I want to know?)

步骤 L：Learned，就是（关于学习主题）我学到了什么？（What I learned?)

这个提问表格帮孩子从一开始就设立了清晰的学习目标，但它最精华的部分还是让孩子学会根据一个主题来提问题。掌握这一工具后，孩子在学习过程中就能不断挖掘出问题，并对问题进行深入思考。

培养孩子的深度阅读力

很多孩子看了不少书，但输出表达能力并不好，这是为什么呢？原因就在于孩子所做的都是浅阅读，只停留在阅读文字的表面，没有进行深入思考，而深度阅读力是要让孩子将思考贯穿于阅读过程之中，通过提问、思考、讨论、互动等方式，将阅读内容分享给他人后，最终让知识在头脑中留下深刻的印记。这样，孩子的阅读能力才能不断提升。

我女儿小时候，我一直引导她进行深度阅读。大约九岁时，她就让我用手机帮她录讲书视频，讲的内容中还会加入自己的一些观点，然后发到网络上，吸引很多小朋友去看。慢慢积累后，她对阅读过的很多内容能做到融会贯通，输出也变得越来越容易。

要培养孩子的深度阅读力，书中重点推荐了一个"三步阅读法"。

第一步：阅读前，让孩子带着问题去阅读，比如前文中提到的 KWL 提问表，你就可以在阅读前和孩子一起填写。

第二步：阅读中，让孩子关注情节发展，如其中的主题是什么、人物如何评价等。

第三步：阅读后，和孩子一起概括内容，并且互相分享阅读感受，对内容进行评价。

以《长袜子皮皮》这本书为例，按照上面的步骤来阅读，可以思考以下问题。

第一步，在阅读前，用提问的方式让孩子对内容进行预测，如："书中会发什么样的故事？主人公为什么叫'长袜子皮皮'？"

第二步，在阅读过程中，可以根据故事发展进行理解性提问，如：皮皮为什么自己一个人住？皮皮的力气非常大，她能做哪些不可思议的事？

第三步，阅读结束后，让孩子用自己的话概括一下故事的内容，并问孩子："你觉得这个故事里哪个地方最有趣？你学到了什么？"等等。你也可以问孩子一些联系实际生活的问题，如："皮皮可以举起一匹马，如果换作你，你能做到吗？"最后，让孩子对皮皮这个人物进行评价，如："皮皮是个什么样的人？""你最喜欢她哪一点？"

家长在与孩子进行阅读互动时,一定要保持平等。在孩子想要分享自己的想法和观点时,家长要担任好倾听者的角色,引导孩子深入思考,帮助孩子更好地理解情节发展和人物特点。

训练孩子大脑的思维能力

如果孩子缺乏明确的思考路径,就会在面对问题时无从下手。解决这个问题,要通过思维训练的方式,帮助孩子开拓属于自己的思考路径。

关于如何开拓思考路径,书中推荐了两种方法。第一种方法是构建思维模型,用简单易懂的图形、符号和结构化语言等组成可视化模型,帮助孩子系统、全方位地梳理学过的内容。这种方法最常用的工具就是思维导图。第二种方法是绘制思维训练单,让孩子练习按照从问题到答案、从文本阅读到评估鉴赏的思路进行思考,在纸上对主题一步步拆解,将阅读思考的过程可视化,使孩子看到思考的过程和方式,逐渐学会独立分析和思考。

在这个过程中,家长要做好孩子思维训练的"脚手架",仔细观察孩子存在的困惑,并及时提供助力,向孩子展示从问题到答案的思考路径,带领孩子拾级而上,引导孩子进行看、学、做、练,一步步搭建自己的思维大厦。

此外,家长还可以利用笔记工具和高效记忆帮助孩子提升学习竞争力,当孩子掌握了科学有效的学习方法之后,学习就不再是一件苦差事了。

"五顶学习帽"所对应的五种学习力，共同构成了孩子自主进步的阶梯，帮助孩子获得面对未来世界的勇气和自主学习的能力。希望每个孩子都可以戴着这"五顶学习帽"，在成长和学习中收获强大的精神支撑和内在动力。

第 3 节　面向未来

樊登解读《为未知而教，为未来而学》

市面上有很多教孩子学习的书，其中大部分是教给孩子一些学习方法，告诉孩子怎样能够高效学习。然而，有一个问题我们始终没有解决，那就是我们为什么要学习这些内容。绝大部分孩子甚至家长的认知是，既然学校规定了要学这个东西，考试也考这些，那么我们就要学这些内容。

哈佛大学教育研究生院资深教授戴维·珀金斯用 50 年做了一个项目，叫作"零点计划"，专门研究人类到底应该学习什么知识，又不应该学习什么。他将自己的研究成果写成了一本书，英文名叫作 *Future Wise*，直译的意思是"未来的智慧"，中文版出版时译为《为未知而教，为未来而学》。全书阐述了这个理念：我们教育孩子时要想着未来，也就是让孩子积极、广泛、有远见地追寻有意义的知识，用知识形成切实可行的智慧，以应对未来的世界，这才是学习的本质。

《为未知而教,为未来而学》这本书能够让我们端正对教育的态度,深入思考我们终究想要孩子成为怎样的人。比如,我们需要思考怎样教会孩子科学地讨论问题,以免他们的思维受到操纵,成为一个简单的网络暴民,或者一个无知的吃瓜群众。对每个人来说,这都是特别重要的一种能力,但由于它不在考纲当中,学校里面一般鲜有涉及,这本书的使命就是弥补这种不足。

教育的内容

为什么要关注教育的内容

我们为什么要关注教育的内容,理由有以下几个。

第一个理由是,我们需要重新考量教育投资产生的回报。珀金斯教授曾发问,我们的教育投资产生回报了吗?他把对知识的接触分成三类,就像斯皮尔伯格的经典电影《第三类接触》(*Close Encounters of the Third Kind*)中人类与外星人的不同层次接触那样。第一类接触是人类看到外星人的飞船飞过去;第二类接触是人类发现外星人生活过的痕迹;第三类接触是人类真的遇到外星人,进行面对面的交流。同理,在知识接触的分类中,第一类接触是我学过这个知识；第二类接触是我遇到过某个问题，可以用这个知识来解答；第三类接触就是我真的用我学的东西去解决了问题。

我们需要重新设计我们的教育结构，选择我们的教学内容，让我们今天教给孩子的东西在未来给他带来智慧，也就是让他在人生中和这些知识产生更多的第三类接触。

第二个理由是，我们要重新考量知识学习量。我们学的知识越多越好吗？大多数情况下，我们学习的知识是被挑选好的，老师规定学的，我们也没得挑，只好都学。然而，知识是用进废退的，像小时候学过的对数 log、化学方程式配平等，我们很可能已经毫无头绪，即便当年是学霸，考试中能非常熟练地得出答案，现在遇到这些题也不会做了。所以，学一些根本不会用到的知识，实际上就是对人生的浪费，以及对这个世界物资的浪费。这是应当重新考量知识学习量的原因。

第三个理由是，我们必须考虑知识学习的机会成本问题。我们的时间有限，花时间学某些东西，就是放弃了学习其他内容的时间。这也就是为什么有那么多高学历、高职位但低情商的人。他们可能在自己的岗位上有所建树，却不是一个合格的公民，他们不知道如何尊重别人，因为那些东西并没有在他的知识体系当中体现出来。这就像是，有的理工科学霸解决不了自己家里的给排水问题，甚至不会换灯管。这些人往往分数很高，但他只学考试需要的知识，实践能力一概没有。这是知识的机会成本问题。

就算要继续学习那些看似用不上的知识，我们也可以思索一下，能不能用恰当的方式产生第三类接触，找到更好的方法来教孩子，让这些知识能够更多地出现在我们的生活当中。

教育结构的问题

目前，我们的教育结构存在如下几个问题。

第一，过度关注学业成就，忽略相关性差距。我们往往关注一个人拿到了什么文凭，是中学文凭还是大学文凭，或是硕士、博士文凭，这些是学业成就。相关性差距体现的是学的知识跟生活的关系，与这些知识能否解决生活中的问题有关。

第二，过于关注了解性知识，忽略知识内涵的掌握。了解性知识是指人们对这些知识一知半解，比如说到胆固醇、陶瓷材料、路由器、行星轨道、查理大帝等，你会发现，每一个词你都知道，甚至有一定了解，但你对它基本也就停留在了解的层面。这种情况带来的结果就是，我们的思维没有深度。我曾经讲过一本畅销书《人类简史》，人们听完或者看完那本书都很惊讶，作者尤瓦尔·赫拉利能够把历史上的这些事情联系在一起，以一种很自然的叙述方式让你知道人类就是这样发展到现在的。这就是一种把知识内涵贯通的能力，他完全了解这些历史人物、地理事件在发展过程中都发生了怎样的联系，这就是深入思考的结果。反观我们现在的教育，其更多地停留在了传授了解性知识上，孩子大部分时间在背书，把时间、地点、人物背下来，但没有挖掘内涵。这是很重要的问题。

第三，过于强调专业知识，忽略与生活有关的软知识。例如，我们在物理、化学等领域的学习上已经上升到准科学的高度，但是我们对于怎么讨论问题、怎么投票、怎样对一个小组内产生的不同意见进行决策，甚至男孩到底应该怎么样追女孩、女孩怎样得体地拒绝男孩这样的事情没有过任何学习。这些软知识没有人教过，所以我们很多人，包括我自己，在社交场合中完全不知所措。这也是一个问题。

我们的教育将从迟钝的层级结构过渡到灵活的网状结构，但是我们可能尚未准备好。什么叫层级结构？一个学科，有标准教材，有学科老师，由老师教学生，这就是层级结构。你会发现，想改变这个结构很难，因为普及下来的教材都是一样的，对老师的培训和要求也是一样的。那么什么是网状结构呢？现在，一个科目里交叉着四五个学科；教材有大量相关的辅助资料，可能包含了杂志、视频、录音、采访等；教课的老师可以和很多相关科目的老师互相交流，多位老师可以来指导同一个班学生的课程；学生也会形成他们的社群，会跟别的班学这个内容的同学进行讨论。现在的教育已经逐渐变成这种灵活的网状结构，但是很多学校尚未准备好，还在用过去的层级结构解决问题，这就是我们现在所面临的麻烦和问题所在。

全局性理解

什么是全局性理解

有一个珀金斯教授长期运作的项目，叫作"为理解而教"（Teaching for Understanding）。举个例子，珀金斯教授参观"为理解而教"的一个教学实验成果时发现，老师教植物中细胞的有丝分裂时，为了让孩子们更好地记住相关知识，他们给孩子们编了一套舞蹈，叫"有丝分裂之舞"，于是这些孩子们一边跳舞一边深刻地理解了有丝分裂这个过程，还锻炼了身体，练习了舞蹈，这就是一种为理解而教的方法。再比如，教生物的老师让孩子们设计一条鱼，孩子们在设计的过程中，很兴奋地查阅资料，了解鱼的进化、种类、构造、各部分的功能、有什么天敌等，不但学习了生物学，了解了进化论，还知道了生物入侵这些概念，兴致盎然。为理解而教，就是给孩子一个任务，让孩子主动发掘和学习，从而达到对知识的全局性理解。

这本书的重点就是全局性理解。教育的目标是追求全局性理解，而不是立即理解。我们现在追求的大多是立即理解，即这些知识我理解了能得分或者拿到学位，要有结果，但这类知识我们往往考完试、拿到学位就忘了。全局性理解不一样。以学习欧姆定律为例，如果你只知道电流等于电压除以电阻，这不是全局性理解，而有一位同学表示他学了欧姆定律后豁然开朗，突然觉得它和我们推算的导热管的气流量也有关系，认为欧姆定律的基本形式至少可以提供一种粗略的范式，比如气流量等于气压除以导管的阻力，继而用这个知识改造了他家里的供暖系统，让家里更暖和了，这就是全局性理解的一种体现。

同样，再延伸一下，让我们想一想传播学中的谣言等于什么。基于欧姆定律的基本形式，谣言可以被认为是编撰谣言的水平除以公众的认知能力，公众的认知能力越低，谣言就传播得越快越广；编撰谣言的能力越强，谣言传播得也越快越广。可见，从欧姆定律的公式可以想出很多东西。

全局性理解的标准

对知识达到全局性理解，要符合四个方面的标准。第一个标准是关于深刻见解方面，就是说这个概念在物理、社会、艺术等不同世界中的反映。就像前文提到的欧姆定律，我们能够在各个世界当中找到印证它的现象，由此不断加深理解。第二个标准是关于行动方面，即全局性理解应能够使我们利用它采取行动，改变日常生活。例如，前文中的孩子学完欧姆定律后可以改造他们家的暖气管，这就是行动。第三个标准是关于伦理道德方面，即对某些知识的理解能够让你的道德品质、观念、人性、同情心或者对社会规范的理解有所升华。第四个标准是关于机会方面，即当所学的知识出现在各种场合、表现为各种各样的形式时，你都可以想到它。如果能够符合这四个方面的标准，那这样的理解就是典型的全局性理解。

举一个现实中的例子，我有一个师弟，他从中央电视台辞职以后，受到这本书的启发，创业做了一个项目，叫"小豆瓣电影学堂"。他发现要让孩子深入地思考某个概念，产生对这个概念的全局性理解，最好的方式就是让他们讨论，但是每个孩子的成长背景不同，很难一起讨论，于是他让孩子们看同一部电影，然后针对这个影片进行延伸性讨论。

比如，我曾经给他推荐过一部电影《印式英语》，这部电影很感人也很幽默，它讲的是一个印度的妈妈，在家里不受爸爸的重视，到了美国以后特别想学英语，全家人都反对她，她老公特别讨厌她学英语，但是她努力地偷偷地学，最后用英语在全家人面前演讲，全家人大吃一惊。这位师弟把《印式英语》给孩子们看完了以后，让孩子们讨论"爱妈妈的方式"，就是我们到底应该怎样爱我们的妈妈。从这个话题开始延伸，最后和孩子们讨论男女平等这个概念。男女平等就是一个典型的需要全局性理解的概念，我们都知道男女平等，但是研究的深入程度各不相同。讨论的时候，他就用提问的方式启发孩子，例如男女该不该平等。有的孩子说不应该，因为男人和女人的力气不一样大，有的小孩就反驳说，尽管大家吃的不一样多，但自助餐收费都一样，这不是钱的事，这是对人的尊重，他们在人格上是平等的。孩子们甚至说出了很多令大人难以想象的话。就在大家一边倒地都认为确实应该男女平等的时候，有一个男孩突然发言说："按照你们说的，如果我是老板，那我就不雇女的了，我只雇男的。"孩子们顿时愣住了，开始进行新的思考。这就是一部电影能够引发的讨论。

我认为，他就是在用电影这种承载方式，帮助孩子学会全局性理解。当他们把这些逻辑的思考过程呈现出来，跟孩子们讨论的时候，孩子们会了解什么是逻辑，什么是大前提、小前提、三段论，深入地理解逻辑，这就是一个创举。

全局性理解的优势

全局性理解并不是要求对生活中说到的每一个词都做到全局性理解，生活中绝大部分时候是用不到全局性理解的，我们只需要用到配方知识，即已习惯的生活内容，例如早上起来洗脸刷牙、开车上班等。但是，在面对一些从来没有遇见过的问题，例如大家在讨论要不要参加一个活动时，你就要调动全局性理解的能力深入思考，决定是人云亦云地跟着去，还是做出自己的判断。

因此，一个具备全局性理解能力的人有三个非常重要的优势。第一个优势叫作"定向"，即遇到任何状况都能做出自己的智力判断，确定方向，不会随大流。第二个优势叫作"慎思"，即审慎地思考问题，而不会轻易得出一个心血来潮的或者特别不具有科学性的、迷信的、用归纳法简单总结的结论。第三个优势叫作"深入学习"，即不会在学习上试图一劳永逸，这样的人知道其所学的知识并不是一成不变的，因此会经常跟踪思考，不断进行知识上的更新。

全局性理解的方法

需要进行全局性理解的概念很多，无法估算，更无法列举，大到社会公平，小到如何克服慵懒，都会涉及。那么，该怎样培养这种能力呢？我们能够使用的方法就是抽样教学。尽管孩子们不可能在语文课上读完四大名著、《鲁迅全集》，但是老师会把其中最具代表性的内容教给他们，让他们学习讨论。其实这就够了，因为有了全局性理解的能力以后，孩子们会自己把它套用在需要学的新知识上，因为他们本身就培养了深入思考的能力。

数学也一样，并不是说二次方程这样的知识就彻底不需要学了，我们可以尝试通过重构来拯救这类知识。例如，有一个教育专家就在研讨会上提出，像二次方程这样的内容，要尽量把它和经济学结合在一起。这就是为什么国外的经济学专业前期都安排数学课的原因，差不多要学到数学系的水平，学生才能够学经济学，因为经济学包含了大量的数学运算。当你能够用经济学的外壳来重构数学知识时，学起来就更有可能在今后跟它发生第三类接触。天文学也是如此，包括机械学，要想办法把它们融合在一起来学习，这就是通过重构拯救这些过去的硬知识的方法。

在这个过程当中，最有效的方法就是用开放式的问题点燃人们的创造力。有这样一个例子，有一个叫亚力的新几内亚人问一个白人，为什么是白人制造出货物再运到新几内亚，而不是黑人制造出自己的货物再销往全球。他问的这个人后来写了一本非常著名的书，就是《枪炮、病菌与钢铁》，这本书专门讲经济发展的规律和差异，凭借这本书，作者贾雷德·戴蒙德得了普利策奖。一个充满好奇心的简单提问，引发了思考，让戴蒙德追根溯源地研究西方发展过程，最终著书获奖。

一个好的开放式问题，一定会得到好奇心的支持。像"引发工业革命的三个因素是什么"这样的问题的确是一个开放式问题，但它不是一个好的开放式问题，因为它已经限定了三个因素，很明显，你要做的是填空，这是最典型的扼杀好奇心的问题。

好奇心是可以被扼杀的。我们的孩子在从小到大的成长过程中原本充满了好奇心，但是你会发现，上到了初中、高中以后，他们慢慢地就没有好奇心了，他们甚至连"我为什么要学这个"都没有兴趣问，他们的习惯已经完全跟老师、家长合拍，让他们学什么他们就学什么，他们想的就是尽量把分考得高一点儿，而好奇心正是被上述这类问题磨灭的，这类问题让孩子们只期待得到课本上已经有的知识，而不是自主地深入研究。

那么，关于工业革命这件事，我们可以怎样提问呢？我们可以提出"引发工业革命的原因可能有哪些"。这显然比问三个原因更开放了，但这个问题的鼓舞性还不够。一个有利的引导问题可以是这样的：

"全世界上下几千年的历史中，有许多文明的成熟程度令人印象深刻，它们也有高度发达的经济体系、杰出的科学成果，甚至有大量巧妙的装置，那么为什么工业革命没有产生在那些文明之中，而是出现在了这个特定时期特定的地区？"

你看，这一段铺垫就具有鼓舞性。教育工作者就是要点燃孩子，就是要让孩子自愿思考事情为什么发生，然后鼓励他们寻找、探索。在这样的方法下，孩子会给出令你非常惊喜的答案。

学习的本质

带有生命力的问题

我特别欣赏书里给出的两个带有生命力的问题。

第一个问题是，"假如不是呢？"这是一个能引人深入思考的万能问题。例如，假如人类的寿命不是 100 岁而是更长呢？人们都坦然地假设我们寿命的上限大致就是 100 岁，我们安排婚姻关系、家庭、存款等人生计划都是基于此，社会的资源配置也是照此来配置的，但是倘若按照那些未来学家所预言的，到 2030 年人的平均寿命能够到 150 岁，那会怎么样呢？同样，我们还可以思考，假如孩子不上学会怎样，假如我们不做大量的教学评估会怎样，等等。

第二个有意思的问题是，"真正的问题是什么？"当人们在表面上不断重复一些浅层次的讨论时，担任引导者角色的老师应该问的问题是，真正的问题是什么。这个问题往往可以起到拨云见日的作用，然后让大家深入思考，挖掘其背后的根本冲突，问题会一层层复现出来，人们的思考会变得更加深入。

真正的学习是什么

前面我们讨论的是教的问题。那么，真正的学习是什么呢？

第一，学习即理解，学习就是要进行全方位的理解。

第二，学习即运用，简单说就是学了以后要能用。

第三，学习即注意。这一点很有意思，书中提到一句俗语："拿着榔头的人，看所有的问题都是钉子。"它的意思自然很容易理解：如果你提供一项服务，你会觉得所有人都需要这项服务。但是，教育上的问题正相反，珀金斯教授说，教育上的问题往往是，当你是一个榔头的时候，你看什么问题都不是钉子，反映在学习上就是，你根本没有注意到这部分内容跟你所学的是有关的，这才是教育的缺失。例如，很多人明明学过概率知识，却依然认为坐飞机比开车危险。

第四，学习即感兴趣。学习就是要越学越有劲，越学越觉得有意思，学习本身就有探索不完的东西，就像这本书的作者珀金斯研究这件事50多年。

第五，学习即融会贯通。当你发现能够把所有知识打通，挖掘出它们背后的联系时，你就真正将知识融会贯通了。例如，在讨论一个社会学问题时，可以引申到经济学、物理学，甚至可以涉及量子力学。埃隆·马斯克就是一个相信第一性原理的人，你会发现，他都是从各种学科的最基础层面来思考问题的，他思考生物学、社会进化、物理学、天体动力等问题，综合思考结果后再去解决一个生活中的复杂问题。在生活中，鲜少有问题是单独由哪个学科来解释的，大部分问题涉及大量相关的交叉学科，所以融会贯通是学习的目的。

认知方式

作者说，在你的工具箱里，一定要放上《尤利西斯》，这话是什么意思呢？这不是说《尤利西斯》这本书特别重要，而是说在选择学科时，文理科不要偏废，最怕的是一个人扎入某一个学科的"兔子洞"。他解释说，每个学科，一旦学进去，肯定会有"兔子洞"，这些人就是专业人才，要钻得很深。但是，对于学生来说，不要过早地钻进"兔子洞"。一个人如果过早地钻进"兔子洞"，他的思维方式就会变窄。我们需要了解不同的认知方式。

这里我们简单介绍一下人类历史上一些典型且非常重要的哲学思维的认知方式，这部分内容在中国尤其重要。为什么我们生活中有一些人，别人说什么都信，别人让干什么就干什么，容易被煽动感情，原因就是我们缺乏哲科思维，缺乏判断事物所依据的思维方式。最常见的错误的思维方式就是简单归纳，列举几个相似的例子，好像就能证明一切。比如，一件产品，王阿姨说好，李叔叔说好，以此就简单归纳出这件产品好。

历史上最典型的认知方式里，第一个出现的是欧几里得的认知方式——推演。欧几里得是古希腊数学家，被称为"几何之父"，他的著作《几何原本》是欧洲数学的基础。我们从初中到高中所学的几何，都是欧几里得在 2000 年以前研究出来的，至今几乎没有什么变化。欧几里得的思维方式是形式化的演绎推理。演绎和归纳不一样，我刚刚举的例子叫"归纳法"，而"演绎法"是广义上的猜想与证明。"猜想"是提出力图证明的观点，"证明"以定义、公理、已证实的定理、广泛概括的各种数学理论和系统为基础，借助于严谨的证明机制得出结论。欧几里得特别强调公理，比如两点之间直线最短、平行线永远不交叉，这是公理，基于几个公理，他推导出后边所有的公式。我们常说"因为……所以……"，一环扣一环，只要这个论证过程是严密的，你就可以信任最后得出的结论，这就叫作"演绎法"。

另一种典型的认知方式是"培根式认知"。培根式认知是从假设开始，也就是基于观察和思考提出一个概括性的命题，并假设它可能是正确的，如果假设可以在许多情景中发挥作用，那么我们可以暂时认可它，再不断修正假设，这是一个迭代循环。要注意的是，我们必须十分谨慎，限制假设的应用范围，就算是确信无疑的结论也会出错，这一点与欧几里得认知方式中的推论结果不同。欧几里得的结论是不容置疑的，推演出来的公式、定理是一定存在的，但是培根认为，我们可以大胆假设，然后小心求证。

卡尔·波普尔给培根式认知做了一个非常好的注解。卡尔·波普尔提出了科学的可证伪性，意思就是，一个理论可证伪，才有可能是科学的，凡是不可证伪的理论，不可能是科学的。比如，我给你算命，你说我算得不灵，我说因为你不够诚心，不信就不灵，这就是不可证伪的，即便你举出一个反面案例，也无法证明这个说法是错的。你可以大胆地假设，也可以罗列很多证据来验证它，但是你要知道，可证伪性是非常重要的。例如，一旦出现黑天鹅，就证明"天鹅是白的"这个说法被推翻了。

还有一种典型的认知方式是"牛顿式认知"。牛顿的认知方法通常是，先创建假设理论的数学模型，然后演绎出可验证（证伪）的观测结果，再用实验验证，修正模型。我们可以将其理解为，先思考，然后提炼出一个数学公式来计算，计算完把实际生活中的情况代入模型中验证，看看模型做得对不对。这也是一种科学的思维方法，牛顿就是用这样的方法通过他发现的几个定律一点点推演出了太阳系的天体轨道。通过数学模型来建立世界观，这就是牛顿式认知的特点。后来人们在观测中发现，天王星没有按照牛顿计算的轨道运转，但是，当时没有人怀疑牛顿，大家甚至认为是天王星转得不对，直到后来有人表示，肯定是有别的星体存在，人们才在观测中发现了海王星。这也从一个侧面证明了人们对牛顿式认知的肯定。

还有一种认知方法叫作"修昔底德式认知"。修昔底德是古希腊历史学家，他研究历史的方法是考证历史史料，以原始史料作为还原、解读历史的基本依据。我们想用可重复性、可证伪性对比实验来了解一个历史事实是做不到的，因为时间不能倒流。在修昔底德之前，荷马也整理过历史资料，但荷马史诗是人神混杂的，其中有大量的想象、抒情成分，这不是真正的历史。

修昔底德参加过伯罗奔尼撒战争，战争失败，他被贬为庶民，但他并没有就此回乡，而是周游列国，还写下了一部伟大的历史巨著《伯罗奔尼撒战争史》。在这本书中，他第一次使用了以他的思维方式构建的历史观。回顾历史，人们往往是看书面的报告文献，而报告文献既容易存在偏见，也容易因记录人感觉和记忆的主观性而存在事实上的歪曲。修昔底德式认知的特点就是要尽量地寻找和对比大量的原始资料，然后对其进行解释，批判性地探讨其中可能存在的偏见，拼接多元资料，进而构建历史的叙事。

一个人很难掌握所有的思维方式，但多了解一些思维方式，可以避免我们陷入某种单一的思维陷阱，从而避免我们无法接纳其他的信息。我们可以专注于某个领域成为专家，但我们也需要更多地了解不同的思维方式。教育就是要给予孩子们更多可能的思维方法和方向。

教育的目的

用知识形成智慧

这本书的结尾提到了圣雄甘地。

圣雄甘地有一次在印度挤火车，把一只鞋子挤掉了。甘地的反应是，立刻把另外一只鞋子脱下来，从窗口扔下去。别人问他为什么这样做，他说自己留着一只鞋子也没用，扔出去的话，捡到的人还能凑成一双。

作者对圣雄甘地的这个行为大加赞赏。

这就是知识与智慧的差别。知道只有一只鞋是没法穿的，这是知识。知道火车如果开走就很难再去捡这只鞋了，以及捡到一只鞋无法穿，这些都是知识。普通人知道这些知识之后，只是会难过于鞋子没了，或者可能抱着剩下的一只鞋子难过几天最后扔掉。甘地不一样，他将这些知识结合起来，采取了一个利益最大化的行动：把鞋子扔出去让别人凑成一双。

珀金斯认为，甘地发现了机会，并且其对当下情况的理解达到了全局性理解的四个标准。他对当前的情景产生了深刻的见解，抓住了行动的时机，展现了自己的道德品质，在上火车的短短几秒之内能够做到这一切，实在是令人敬仰。这就是知识和智慧的区别。

教育的根本目的

那么，教育的目的到底是什么？在《为未知而教，为未来而学》这本书的最后，珀金斯用了一个特别常见的词来形容教育的目的，即培养一个人的"综合能力"。什么是综合能力？我的理解就是，它能使人更好地适应这个世界，为这个世界做出更多贡献，更具有创造性，而这一切需要把林林总总的、各种各样的知识通过全局性的理解整合起来，变成每一个人脑海当中像甘地一样能快速反应出来的智慧。这就是这本书带给我们的启发。

无论我们是否从事教育工作，面对自己的孩子或这个社会上的任何一个孩子，我们都是一名教育者。即便我们不是老师，我们也可能是一位母亲或者父亲，在教育孩子时，就可以带着这个理念拓展更多的讨论话题，从而帮助孩子形成能够应对现实问题的智慧。

第三章

社会能力，
与他人共同成长

任何一个孩子，作为社会中的一员，都无法脱离群体独立生活，未来他们将面对更加复杂多元的环境。在社会中，孩子们将扮演各种角色，与人沟通合作、与人交友甚至相爱，这都需要他们具有一定的社会能力。

　　本章将从社会情绪、与人交友、两性关系等角度，帮助孩子融入社会集体，在集体中认识自己和他人，学会理解与同情，拥有爱与被爱的能力。

第 1 节　社会情绪

安心《教孩子学会社交和情绪管理》课程精编

情绪是人类特有的一种内在体验,所有人都会产生情绪,并且在情绪来临时,会呈现出不同的行为方式。吴维库教授曾将人体比作一驾马车,将情绪比作拉车的马。马是车辆的原动力,没有它车就寸步难行,但同时它也是阻力。如果马受惊失控,车不但无法按照既定路线前行,还可能会翻倒,甚至车毁人亡。因此,马需要好的车夫来照顾、训练和驾驭。

情绪也是如此,管理情绪的能力就是车夫。如果无法觉察、照顾和疏导情绪,情绪就可能令人做出失控的行为。尤其对于孩子来说,他们的大脑发育尚未完全,管理和控制情绪的能力不足,年龄越小的孩子,越无法控制自己的情绪,这也是孩子很容易做出一些失控行为的原因,就像有些人说的,孩子经常"猫一会儿,狗一会儿"的。

但是，孩子终将走上社会，独自面对这个世界，这时，孩子如何识别和感受自己与他人的情绪，如何表达自己的情绪、调整自己的情绪、认识情绪之间的差别，并运用这些信息指导自己的行为，与他人建立友好合作等，就变得非常重要。这些能力被统称为"社会情绪技能"。也就是说，从小培养孩子的社会情绪，帮助孩子获得社会情绪技能，不但能让孩子的情绪更稳定，还能使孩子在未来的学业成绩和人际关系中表现得更加出色。

在《教孩子学会社交和情绪管理》这一课程中，我从孩子的自我意识、自我管理、社交意识、人际关系和学会负责五个方面，跟家长们分享了如何培养孩子的社会情绪，提高孩子的自信心、自我管理能力和社交能力，从而帮助孩子持续成长，使他们未来更好地适应社会。

自我意识：认识自己才能识别情绪

一般来说，孩子在 1~2 岁时，自我意识开始出现并快速发展。这时，孩子会产生一种自我的能力感，什么事都想尝试，希望能够独立自主，这是孩子成长发展过程中的正常表现。

但是，一些家长对此并不了解，比如有家长跟我反映："孩子非常不听话，总说'不要'。只要不顺从他的想法，他就哭闹！"

"孩子玩游戏时，一旦不成功就扔玩具、发脾气。""他让我陪他玩，我正忙着，没空陪他，他就大哭大闹！"……

其实，这些都是孩子自我意识发展的典型表现，我们常称之为"可怕的两岁"。正因为家长对这个阶段孩子的成长规律不了解，看不到孩子的行为和情绪背后所表达的需求，而孩子也觉察不到自己的行为有哪些不当之处，家长与孩子之间才会沟通不畅。长此以往，家长和孩子就会慢慢走到无法交流的地步。

要想帮助孩子顺利度过这段自我意识发展的关键时期，让孩子学会调整自己的情绪和行为，我们首先要训练孩子自我觉察的能力。这也是孩子学习调整情绪和行为的第一步。

训练孩子的自我察觉力

什么是自我察觉力呢？简单来说，自我觉察力就是知道自己在做什么、说什么。孩子具备这种能力后，才会在情绪产生时正确地认识自己的情绪，然后积极主动地做出应对，而不是以一种盲目、冲动或任性的方式来应对情绪。

孩子的第一个学习对象就是自己的父母，所以父母的行为和语言引导是孩子学习自我察觉最好的模板。在课程中，我分享了一种帮助父母和孩子共同提升自我察觉力的方法，叫作"镜子映射法"。它主要分为两点。

第一，父母要以孩子为镜，提升自己的自我觉察力。父母提升自我觉察力最直接的方法，就是通过孩子的反馈，来修正自己的言行和情绪，从而和孩子培养感情、建立信任。我在课程中举了一个例子。

在吃饭时，妈妈问女儿："宝贝，你觉得妈妈今天做的菜好吃吗？"

女儿回答："非常好吃。"

妈妈又问："那妈妈今天还有哪些表现让你觉得很开心呢？"

女儿回答："妈妈给我买了冰激凌，还亲了我，我很开心。"

妈妈故作惊讶地说："啊，真的吗？原来这让你很开心呀！那妈妈有做得不好的地方吗？"

女儿回答："有，妈妈刚才大声说话，我有点害怕！"

妈妈说："哦，那是妈妈不对。对不起宝贝，吓到你了。"

女儿摇摇头说："没事的妈妈，要开心哦，不要生气！"

父母可以通过孩子对父母行为的描述，了解自己哪些行为给孩子造成了不好的影响，从而反思自己的行为，避免其重复出现，同时也引导孩子去思考自己的行为。

第二，父母要以自己为镜，引导孩子意识到自己的行为。当孩子的一些行为已经被他人性中的许多弱点，如暴力、任性、虚荣等所控制时，父母就可以模仿孩子，让孩子意识到自己在做什么，提升孩子的自我觉察力。比如，孩子闹着要新玩具，坐在地上大哭，这时你就可以模仿他的行为，也坐在地上假装大哭。这能帮助孩子意识到自己的行为问题。

除此之外，父母也可以采取直接沟通的方式帮助孩子发展自我察觉力。比如，当孩子闹情绪时，你就直接问问孩子需要什么、不需要什么、什么对他来说是重要的，也可以跟孩子分享你的感受、想法，然后询问孩子的感受和想法。这些都能使父母和孩子彼此更加了解，增进亲密感，同时提升自我觉察力。孩子具有了较好的自我觉察力后，才能慢慢学会认知自己的情绪。

协助孩子认知自己的情绪

在很多家庭中，孩子一发脾气、哭闹，父母就立刻大声呵斥，想让孩子立即停止，但这是很难的。解决孩子情绪问题的第一步，就是不要站在孩子的对立面。人类的情绪本来就是对客观事物的态度体验和相应的行为反应，每一种情绪背后也都有特定的需求。如果你想平复孩子的情绪，就要帮孩子找到真正困扰他的那些问题，比如下面这个例子。

早晨，孩子对妈妈说："妈妈，我不想上学。"

妈妈问："为什么呢宝贝？"

孩子说："老师要求我做的事我没有做完。"

妈妈问："什么事？"

孩子说："上次举办活动的那种紫色的花，老师让我再带些去，可花店里卖完了。"

妈妈问："你觉得答应老师的事没办到，怕老师埋怨你？"

孩子点点头。

妈妈说："那妈妈跟老师解释一下，下次去那家花店时，咱们再买一些其他的花。"

孩子问："可以吗？"

妈妈说："可以呀，那咱们现在别闹了，赶紧上学好不好？"

孩子说："好。"

你看，想让孩子合作，就要先倾听孩子的需求，再引导他去识别情绪，这样才能从根本上解决问题。

从心理学角度来说，情绪是一种非具象的存在，想让孩子更好地认知自己的情绪，我在课程中推荐了一种方法：彩虹风车法。这种方法是和孩子学习通过颜色来表达情绪，我们可以先用五种颜色来表示不同的情绪。

- 黄色表示开心、愉悦，情绪温度中等偏高；
- 绿色表示平静、放松，情绪温度适中；
- 蓝色表示伤感、脆弱，情绪温度有点低；

- 红色表示生气、伤心，情绪温度较高；
- 黑色表示恐惧、愤怒，情绪温度在最高的状态。

接着，我们和孩子一起制作一个圆盘，把五种颜色的色块大小均等地放在圆盘上。在与孩子沟通情绪时，我们可以转动圆盘来进行情绪描述。它的使用方法主要有两种。

第一种叫"天气预报"，就是像每天的天气预报一样，把转盘指针指向我们想要表达的情绪的颜色。比如，我们可以跟孩子说，"我现在的情绪颜色是绿色，今天感觉很舒畅"，或者"我现在的情绪颜色是黑色，我需要自己静一静"。我们也可以问问孩子，他此刻的情绪颜色是什么，并请孩子描述一下。

第二种叫"风吹麦浪"。你可以将转盘颜色重新四等分，第一份画当下的情绪颜色，第二份画你或孩子喜欢的情绪颜色，第三份画你或孩子希望孩子自己常有的情绪颜色，第四份画大部分时间里你或孩子的情绪颜色，然后转动转盘，去感受不同画面中的情绪状态。一开始可以转慢些，后面逐渐加速，让孩子感受不同情绪的变动。当转动速度越来越快时，我们就能看到一个飞速转动的风车，所有情绪颜色融合在一起，形成一种新的情绪色彩。

以上方法不仅能帮助孩子了解不同的情绪在表达什么，也能让孩子了解父母的情绪在寻求什么。在这种学习和了解中，孩子对情绪的认知水平就会慢慢提高。

需要注意的是，在与孩子一起描述和了解情绪的过程中，我们要承认情绪的客观存在，同时协助孩子学会接纳情绪。无论孩子有什么感受，如害怕、生气、担忧等，你都要承认和接纳，让孩子知道有情绪是一件很正常的事，不要责备他的情绪不恰当。比如，你不允许孩子玩手机，他很生气，这时你不要责怪孩子有生气的情绪，而要接纳他的情绪，再运用恰当的方法去解决问题。这样，你们的情绪才能在彼此间流动起来，继而产生良性的交流互动。我们时刻要记住，在解决孩子的教育问题之前，先要学会解决孩子的情绪问题。情绪问题解决了，教育问题就变得容易多了。

自我管理：相信孩子可以管好自己

在生活中，孩子接触最多的人就是父母，父母的信任是孩子成长最大的动力和支持。但要让父母相信孩子太难了，绝大多数父母都因为担心孩子太小，怕孩子管理不好自己而让自己受到伤害或伤害到别人，习惯事事都帮孩子做。殊不知，这种过度保护会让孩子失去探索和冒险精神，缺乏适应环境的能力和基本的自理能力，甚至对外面的世界充满焦虑和恐惧。美国华盛顿大学的心理学家曾经对 200 多名孩子和他们的父母进行了长达三年的研究，结果发现，当一个孩子被给予过多指导，缺乏独立自主的空间时，内心的焦虑感和忧郁感都会增加。

　　所以，我们要相信孩子可以自己管好自己。当然，如前文所述，要解决孩子的教育问题，还是要先解决孩子的情绪问题；要让孩子学会自我管理，同样要先帮助孩子学会管理自己的情绪。

情绪内在观察法，帮孩子学会管理情绪

　　面对负面情绪时，人们常用的处理方法有两种：一种是自我压抑，但长时间压抑自己的负面情绪，会导致健康出现问题；另一种是发泄出去，但这样负面情绪很可能会发泄到别人身上，或直接发泄到孩子身上。这两种情绪处理方法既容易伤害自己，又可能波及他人，多少亲密关系都因为情绪处理不恰当而开始疏离。我在课程中推荐了一种情绪内在观察法，它既不需要你压抑情绪，也不让你选择随意发泄，不但适合家长使用，还可以用来教孩子学会管理自己的情绪。

　　这种方法的关键就是"观察"，主要是观察情绪的流动，从情绪出现时开始观察，跟随情绪的流动，到达终点，具体做法如下。

　　在情绪升起时，做深呼吸。通过深呼吸来到你的内在，观察你的情绪是如何升起的，倾听你内在情绪的声音。比如你生气了，那就观察自己为什么生气，是孩子不听话，还是自己做得不好？找到情绪发起的源头。同时，你还要观察是身体哪个部位感知到了情绪，这个部位是什么状态，是肌肉颤抖，还是呼吸不畅？这些感知

情绪的反应都能帮你观察情绪。

在情绪流动时，要与情绪共处。不要去刻意对抗和控制情绪，你只需要跟它在一起，并告诉自己要放松，然后问问自己"这究竟是什么"，以此来了解它，观察它的变化，并耐心等待，看看它何时离开。

当你学会观察自己内在的情绪后，你就会把每一次的情绪变化当成一次深入学习与探索的机会，并且慢慢学会如何去面对孩子的负面情绪。当你不再被孩子的情绪左右，你也就更有能力帮助孩子面对和管理他的情绪了。具体来说，你可以按照下面的五步操作。

- 第一步：学会闭嘴，哪怕孩子正在发脾气，或者正在做一件你完全不允许，甚至让你很生气的事时，也不要掉进自己习惯的情绪模式当中，比如愤怒、发火等。
- 第二步：深呼吸，通过深呼吸感知自己的情绪，平衡自己的思绪与情绪之间的能量。
- 第三步：问问自己，孩子是发生什么事了吗？他的情绪为什么爆发？孩子想要表达什么？
- 第四步：认真思考，在这件事上，我们能教会孩子什么，怎样引导孩子去认识情绪，继而学会管理自己的情绪。如果下次还遇到这种问题，他要如何处理？你可以利用情绪内在观察法，引导孩子观察自己的内在，找到自己情绪爆发的原因。

- 第五步：保持连接，保持与孩子分享的态度。

需要注意的是，在这个过程中，不要否定孩子，也不要否定孩子的经验，不论他们的经验是什么。懂得尊重情绪本身，就能够带来一定的变化。当你坚持这样处理自己的情绪和孩子的情绪时，孩子就能学着你的样子，慢慢与他自己的情绪和谐相处。

帮孩子学会管理自己的行为

心理学认为，一个人的行为是受自己的思想信念所支配的。行为背后既有主观因素，也有客观因素，也就是我们的内驱力和外驱力。其中，内驱力是基于一种内在力量而做出的行为，外驱力则是在外力推动之下产生的行为。

那么，我们怎样帮助孩子管理自己的行为呢？我在课程中分享了四种方法。

第一，学会观察并如实反馈。我们要认真观察孩子，并把观察到的信息反馈给孩子，让孩子清楚自己的行为。但要注意，不要做任何主观评价。比如，你可以对孩子说"我注意到你今天刷牙用了20分钟"，而不要说："你刷个牙拖拖拉拉20分钟，一点时间观念也没有！"

在任何情境下，我们都可以观察孩子，看孩子有哪些行为、如何行动，然后思考一下：孩子的这些行为是基于怎样的驱动力，我们怎样帮助孩子建立内在的驱动力呢？

第二，帮孩子建立行为的内在驱动力。我们在教育孩子时，经常会用"未来，我希望你……"给孩子制造压力，希望这样能驱动孩子自动自发地学习、成长。事实上，很少有人的人生道路是按计划或希望的样子进行的，如何将孩子的内在驱动力建立在当下的愉悦中，才是需要我们探索的立足点，也就是我们要思考如何培养和激发孩子当下的创造力，并且无须固化在某个标准上。比如，有的孩子就喜欢边听歌边写作业，你不让他这样做，他就难受，于是学习也变成一件难受的事。

所以，要帮孩子建立内在驱动力，就要让孩子明白，他不需要按照你的期待来活，他完全可以按照自己的想法来活，不论他未来什么样，你都一如既往地爱他。孩子的内在驱动力发展不是基于牺牲、附和、取悦他人，而是基于他天性中的好奇、热爱、探索、善意、爱等。如果孩子在这些动力下产生的行为能得到你的允许和支持，那么你就是在保护和帮助孩子发展他的内在驱动力。

第三，帮孩子分辨善与恶的行为。家长有义务让孩子在朝着善良的道路上行走，帮助他战胜自己人性的弱点，更好地控制自己的不当行为。

一方面，当孩子的行为处于非善状态时，我们除了表达不接纳之外，还要说出内心的不适感，并让他理解那个被他伤害的对象的感受。比如，一位妈妈看到自己的孩子用小刀割家里小狗的脚，导致小狗流血时，就非常坚定地告诉孩子："你把小狗的脚割流血了，这个行为让妈妈很难过，也很生气。假如有人把妈妈的脚割流血了，妈妈一定很痛！"接着，她又与孩子讨论了爱护动物、尊重他人的重要性，帮助孩子认识到伤害动物、伤害他人的行为是错误的。

另一方面，人性中都有善与恶的因子，这些因子会根据环境、他人的影响被启动或休眠。教育的意义之一，就是帮助孩子把内在善良的因子激发出来。所以，如果你发现孩子的某些行为是善良的，一定要引导孩子把注意力或焦点放在这些善良的行为上，这也叫"焦点法则"。有一位妈妈带着孩子在小区里散步，当孩子看到一只受伤的小蜜蜂躺在路中央时，便小心地用一片树叶把小蜜蜂运到花丛中，免得它被路人踩死。妈妈见了，就对孩子说："宝贝，妈妈看到你帮助了小蜜蜂，这个行为很棒！看到你这么善良，妈妈很开心！"这就让孩子明白了善良行为给他人或环境带来的影响，由此，孩子也会产生责任感和动力，以后再遇到这种情况时，也会做出相同的行为。

第四，用"约定行为"引导孩子。"约定行为"就是在固定时间做一些同样的事情，比如几点到几点要学习或练琴等。这样的约定有利于孩子形成规律的生活习惯，帮助孩子学会管理自己的时间和行为。这里要注意两点：第一，练习的时间不能太长；第二，身教胜于言传。

提升孩子的行动力

要提高孩子的行动力，首先要找到影响孩子行动力的要素，我在课程中列举了几个关键要素，包括需求、渴望、榜样、邀请和鼓励、痛苦和无聊、爱与启示等。有了这几个要素，就可以让孩子对生活、对做事产生目标和热情，继而再寻找合理的方法，制订行动计划，帮助孩子获得行动力。

在制订高效合理的行动计划时，可以分为六步进行。

第一步，设定目标。让孩子描述一下自己希望改善和提升的地方，比如希望提高成绩、提高钢琴水平、提高英语口语水平等，然后写下来。

第二步，头脑风暴，找到方法。在这一步中，你要鼓励孩子提出尽可能多的实现目标的方法，不用考虑这些方法是否可行。

第三步，评估解决方法。对第二步头脑风暴提出的方法进行评估，看看哪些是有效并可执行的。

第四步，制订个人计划。对要实现目标的方法制订详细的行动计划，如第一步先做什么、什么时间完成；第二步做什么，什么时间完成……以此类推。

第五步，行动。要想让孩子的行动能力提升，唯一的办法就是不断行动、不断练习。比如要提升自己的游泳水平，就要不断跳进水里，一次接一次地练习。

第六步，检查结果。在分步计划的时间结束后，要及时和孩子一起检查结果，让孩子看看自己的目标达成得怎么样。如果没有达成，就要找出原因，或尝试其他方法；如果达成了，别忘了给予孩子鼓励和表扬，强化孩子的行动力。

依照以上"六步走"，你可以在旁边协助孩子一点点达成目标。你可以让孩子先从比较简单的事情开始，多给孩子信心，这样孩子才更愿意自主行动，对自己的目标负责。

社交意识：培养孩子的共情能力

不论是在亲子关系中，还是在社交关系里，许多冲突都来自"我想要你的世界符合我的标准，如果你的世界不符合我的标准，我就要努力改变你、修理你、控制你"这种想法。简而言之，就是共情能力差，事事都以自我为中心。

在社会交往中，共情能力是一个人情商发展的重要标志之一。共情能力强的孩子，不但容易交到朋友，在同伴中更受欢迎，而且富有同情心，能更好地理解他人、体恤他人，与他人进行良好沟通，善于处理各种矛盾和冲突。因此，这样的孩子未来走向社会后也会更受欢迎，具有良好的社交能力。

要培养孩子的共情能力，提高孩子的社交意识，有三种方法。

教孩子学会观察和读懂他人的情绪

这是社交意识中很重要的一部分。如果学不会这两点，孩子面对问题时可能就会做出一些主观的评判和猜想，继而引发矛盾和冲突。

比如，当孩子打扰到别人，引起别人的不满时，如果孩子看不到对方的情绪变化，可能就会认为自己的行为没什么大不了，结果会引起对方更大的反感。

帮助和引导孩子学会观察和读懂情绪，其真正目的是让他有能力去理解别人。要做到这一点，可以利用下面两个方法。

第一，和孩子玩猜情绪游戏。你可以写一些情绪卡片，包括快乐、喜悦、悲伤、难过、痛苦、愤怒等，让孩子先对情绪有个概念性的了解，然后再选择一张卡片，如"悲伤"卡片，做出悲伤的表情或表演，让孩子来观察，并且猜猜这是什么情绪。你们也可以交换角色，让孩子来表演，你来观察和猜测，帮助孩子加深对不同情绪的理解。

第二，一起探讨情绪背后的原因。你可以和孩子讨论，一个人为什么会悲伤，为什么会生气，爸爸妈妈为什么会不开心。很多孩子会担心父母不高兴，觉得似乎是因为自己做得不好，父母才不高兴的。这样的孩子长大后，只要看到自己在乎的人不高兴，就会觉得自己犯了错，但如果我们教会孩子区别情绪背后的原因，孩子就不会那么容易去承担他人的情绪了。

具体来说，我们可以和孩子探讨：一个人有不同的情绪时，是想要表达什么，这种情绪背后的原因是什么，等等。这样，孩子就有机会通过表层的情绪反应，更深入地了解一个人情绪背后的根源。

引导孩子学会倾听和理解他人

几乎所有的家长都明白，教育的基础是与孩子实现良好沟通，可是在实际生活中，许多家长与孩子的沟通方式都是"单向沟通"，家长一味地给孩子下命令，要求孩子遵守，却不在意孩子想什么、要说什么，沟通中完全没有倾听的过程。这些"单向沟通"主要包括评判、责备、命令、威胁、警告、说教、否定、贴标签、直接给建议或方法。

比如，孩子告诉你，他不喜欢上学、不喜欢老师，这时你可能就会说："你这哪像个好学生的样子？老师是教你知识的，你怎么能不喜欢老师呢？你要保持好的心态，多跟老师交流，这样你就会喜欢老师了。"这就是一种无效的单向沟通，它会直接阻碍你对孩子真实情况的了解，也没有给孩子更多空间去思考他所遇到的问题。更严重的是，长期的单向沟通还会使孩子习惯于暴力式沟通，因为孩子觉得自己没办法用正常方式跟大人沟通，大人总不给自己说话的机会，但孩子心中又有想要表达的意见和情绪，这时，他们就会选择用大喊大叫、争吵、顶撞等"暴力"的方式去沟通。而且，在这种氛围下长大的孩子，也不懂得倾听，与别人沟通时也习惯以单向式、暴力化的方式进行，更不要说倾听别人、理解别人了。

要想让孩子学会与他人进行"双向沟通"，就要引导孩子学会倾听他人、理解他人，为双方提供充分表达的空间和机会。这里，我们可以使用一种"倾听五次元法则"。

第一，专注。专注意味着我们要把注意力放在对方身上，比如，孩子跟你讨论一件他认为很重要的事，你首先要保持一种开放的身体姿态，与孩子保持目光交流，看着孩子表达，而不是一边看手机一边听。这样做是为了让孩子知道，你在很认真地对待他所说的事情。

第二，沉默。有时孩子还未表达完，你就急着给答案，想马上帮孩子找到解决方法，或者立刻进入安慰模式，"没关系，一切都会好的"，这就会打断孩子的表达。在倾听孩子时，最好的方式就是保持沉默，特别是在孩子感到悲伤或生气时，你的沉默恰恰可以给孩子很大的空间去表达他内心想说的话。

第三，理解性应答。所谓理解性的应答，就是表示你对他的话是能理解的，如跟孩子说"嗯，我理解""我明白"之类的话，让孩子知道你正在认真并理解性地倾听。

第四，开放式邀请。开放式邀请就是鼓励对方更加敞开地表达自己，比如："你还能再多说一些吗？""你的意思是……""还有吗？""然后呢？"这些引导下的语言都能让孩子更畅快地表达自己。

第五，核对。把我们听到的、理解到的与对方进行核对。比如，孩子说他不想上学，在倾听完孩子的表达和感受后，你就可以跟孩子进行核对："你不想上学，是因为觉得老师这样批评你，让你没面子吗？"

说出这些你理解的话以及孩子的感受，就是核对的过程。孩子可能同意，也可能不同意，他也许会说"不是因为觉得没面子，而是因为觉得上学很无聊"，这时你可以说"哦，你感觉无聊"。接下来，孩子也许会对无聊进行更多表达，同时认为你是理解他的，你没有让他去改变他的无聊。孩子在表达过程中，其实也可以慢慢探索出自己解决问题的方法，并且也能学着你的样子，去倾听别人，理解别人的感受，跟别人进行充分的沟通。

教孩子学会体恤他人的情感

孩子不会体恤他人，就无法了解他人的情绪，也难以与他人建立良好的关系，而会体恤别人的孩子，则可以看到情绪表象背后的真相，理解某些情绪和行为背后的情感。

那我们要怎样教孩子学会去体恤他人的情感呢？这里有两种

方法。

第一，学会倾听。比如，孩子问你，他最好的朋友被老师批评了，他的朋友很生气，他要怎样做才能帮助朋友？这时你就告诉他，可以运用倾听的方式协助朋友把心里的感受和想法表达出来，而不是使用那些造成沟通障碍，如命令、指责、忠告、建议、嘲讽、说教之类的方式与朋友沟通，因为那些只会给对方传递一个信息：他当下正在经历的东西是不好的。

第二，积极反馈。在反馈时，要注意释放理解性的语言，这意味着你承认对方所讲述的事实和对方的感受，同样也尊重了对方的感受。比如，你孩子的同学被老师批评了，他很生气，很不舒服。事实是什么，就是他被老师批评了，感到很生气，那么生气就是他的感受。当对方把自己的经历和感受说出来后，你的孩子就可以对他的同学说："你被老师批评了，你感到很生气。"这样，他的同学就能感觉自己被体恤、被理解了。

美国著名心理学家、亲子教育专家托马斯·戈登曾说："一个好的倾听者必须对感受较为敏感，而不是单单关注朋友所说的话。"也就是说，我们要教孩子去了解别人的感受，并且保持敏感，然后带着尊重和接纳的态度，去说出事实和对方的感受，以此让对方被听到、被理解到，这对于孩子的共情能力的培养与提升是非常有帮助的。

人际关系：让孩子拥有出色的人缘

人际关系对于孩子的身心健康和未来在社会上的发展非常重要。它可以帮助孩子更好地适应周围的环境，适应未来的社会生活，而且孩子只有通过与同伴、成人的友好交往，才能尽早学会在平等的基础上协调各种人际关系，正确处理自己面临的矛盾和问题，并通过这些途径正确地认知和评价自己，形成积极向上的生活态度和生活情感。

要帮助孩子获得良好的人际关系，首先就是要让孩子拥有稳定的社会情绪，能够对他人产生同理心，实现有效共情。虽然在与人交往的过程中，也有可能会出现矛盾和冲突，但如果孩子能较好地处理自己和他人的情绪，就会也能处理好这些关系，让自己拥有好人缘。

当然，要想让孩子学会处理与他人的关系，我们首先要处理好自己与孩子的关系，为孩子建立一个温馨、和谐的家庭环境，让孩子看到家人之间融洽相处，彼此包容，而不是相互指责、抱怨。当孩子从家庭当中获得充足的爱、安全感和共情力后，他才能在面对外面其他的人时，抱着同样的心态与之融洽相处。

正确地与孩子分享自己的观点

很多孩子都给家长分享过一些他喜欢的人或事物的消息，比如跟家长介绍某个运动员、歌手，或者某款游戏，但家长往往不愿意跟孩子"共享"，就像下面例子中的那样。

孩子对妈妈说："妈妈，我最近特别喜欢这个明星，他很棒的！"

妈妈说："这是谁呀？妖里妖气的，有什么值得喜欢的！"

孩子解释："他跳舞很帅的，我给您找找他跳舞的视频……"

妈妈说："别找别找，我可不看！你好好学习，不许学他啊！"

孩子叹了口气："唉，没法跟你沟通……"

你不愿意认真倾听孩子的话，就直接阻断了分享渠道，日久天长，孩子也就不想再跟你分享他们的喜好和观点了。善于分享才能让沟通更顺畅，让彼此更了解，孩子也会从与你之间的分享开始，慢慢学会去与他人分享，良好的人际关系就是这样建立起来的。

在日常跟孩子彼此分享观点时，我们要遵循三个原则。

第一，不要把你的观点强加给孩子，要允许孩子有自己的观点，同样，你也可以有与孩子不同的观点。

第二，不给孩子讲大道理，也不教导孩子应该这样、那样，你只需要分享自己的想法、观点就可以了。

第三，不跟孩子争论对错，我们和孩子可以持不同的意见，意见无所谓对错，只有同意或不同意、认同或不认同。

此外，我们还要多给孩子分享自己观点的空间，鼓励孩子说出他的想法，比如就某个问题可以问问孩子"你觉得呢""你是怎么想的"，这些让孩子把注意力放回自己身上的句子，不仅能给孩子提供向内看的机会，还能让彼此之间有更多了解。

引导孩子坦率地表达自我

在人际关系中，很多误会、不解源于彼此不能坦率地表达各自的期待、想法、需要、感情等。人们总是习惯于隐藏自己的经验、意见、需求等，但越是这样，就越让别人难以了解，也越容易令自己陷入一种"没人理解我、没人懂我、没人在乎我"的负面情绪中。

如果你希望孩子未来走上社会后，能够得到更多人的了解、理解和在乎，就要教他学会在人际交往中坦率地与他人沟通，同时也要懂得倾听他人的观点、感受、需求，这样才能形成畅通的沟通渠道，获得良好的人际关系。要做到这一点，我们需要先为孩子树立一个坦率沟通的榜样，可以从下面三步做起。

第一步，坦率地说出你的观点与想法、需求与感受，但不要用评判、批评的语言。比如，孩子告诉你，他不想继续练琴了，你就可以这样说："你学了两年多了，我觉得现在放弃的话有些可惜。"同时也要允许孩子坦率地表达自己。

第二步，坦率地说出你的肯定与感激。如果孩子说了什么或

做了什么，让你心里产生了正向感受，你就坦率地告诉他，如
"我很高兴你愿意把学校的事情讲给我听"，或者"很感谢你这么
信任我，可以对我说出你的秘密"。当孩子学会这种方式后，他
也会在自己的人际关系中表达自己的情感，这会帮他赢得更多人
的好感。

第三步，坦率地说出你的期待、需求和不想发生的事。比如，
孩子本该写作业了，但他还在看电视，你就可以说"我想知道你什
么时候写作业"，或者，如果孩子看的电视节目内容中有暴力情节，
你也可以说"我不想你看那么暴力的内容，我认为你这个年龄还不
适合看这些"。

以上的沟通方式，可以避免孩子因你的不断要求而产生对抗心
理，加深你们之间的联结和亲密关系。

鼓励孩子说出真实想法，解决矛盾冲突

人与人之间的关系本就是一种信息的分享与传递，只有向对方
表达出来，才能让关系的情绪流动起来。即使是一些负面感受或情
绪，也只有表达出来才能获得他人的理解，这样才能与他人建立起
沟通的桥梁，将矛盾和冲突一一化解，让彼此更加靠近。

在表达感受时，我们可以鼓励孩子按照下面的步骤说出自己的
真实想法。

第一步，发出邀请，也就是当你想向对方表达感受时，要征得

对方的同意。比如，他可以对他的朋友这样说："虽然我们是好朋友，但我对你有一些负面感受，想向你表达，可以吗？"

第二步，描述具体行为，而不是"贴标签"。比如，孩子的吵闹声影响了你打电话，你就可以对孩子说："宝贝，我听到你的吵闹声有点大哦！"

第三步，描述行为带来的影响。如在第二步的情景中，你可以继续对孩子说："我听不见电话里的声音了，这让我没办法跟别人好好沟通。"

第四步，描述你的感受。你可以继续说："我感觉有些生气。"

第五步，描述你的意图，也就是你想达成的目的、你希望得到的结果、你的期待或意愿等。比如第四步后，你可以继续说："我希望你能稍微小点声"，或者"我希望你可以到隔壁房间去玩游戏，这样就不会吵到我了"。

如果孩子遇到问题时，也能学会按照这样的步骤表达，那么很多问题都可以迎刃而解。这要比单纯地发泄情绪，指责、攻击对方更有益于矛盾与冲突的解决，从而更好地巩固人际关系。

学会负责：做个能对自己负责的人

家长总想教育孩子，运用外部力量来规范孩子的言行，很多时候还带着不信任和恐惧，不相信孩子有自我管理能力，害怕孩子会变坏，于是总是不停地对孩子说教、命令、威胁，甚至使用暴力或隐性操控。

最好的教育从来都不是威胁和控制，而是信任和理解。当一个孩子被信任、被理解时，他就会知道怎样为自己负责，继而通过正确的途径表达自己的需求和感受，遇到问题时，也能积极地寻找令自己和他人都满意的解决方案。

我们自然期望孩子成长为一个能对自己负责的人，拥有积极的社会情绪，那么在培养孩子的过程中，我们就不能通过包办、命令、控制等方式来帮助孩子成长，而是要让孩子学会为自己承担责任，清楚自己需要或不需要的是什么，知道自己开心或不开心的原因是什么，并且学会先从自身找原因，继而勇敢地面对各种冲突，在冲突中学习和成长，而不是一遇到问题就把一切都推给别人、怪罪别人。要知道，很多关系的靠近与亲密是从冲突开始的。通过面对和解决冲突，人与人之间才能增进了解，真正发现自己和他人所需要的都是什么。

怎样帮助孩子成为一个能为自己负责的人呢？我在课程中主要分享了三种方法。

帮孩子学会承担冲突中的责任

要让孩子学会为自己在冲突中的行为负责，就要告诉他什么样的行为是负责任的。

第一，表达感受是自我负责。当孩子告诉你，他与别人发生冲突时，你不要立即进入判官模式，去评判谁对谁错，而要帮助孩子了解在这个冲突中他的需要是什么、感受是什么，并且鼓励孩子表达出来。如果孩子感到害怕，那就鼓励他勇敢面对，因为害怕冲突而不断压抑自己，隐忍自己的想法，反而会阻碍关系的发展。时间久了，孩子就会生对方的气，甚至把自己的痛苦、不满归咎于对方，而不能发现自己的责任。

第二，唤醒天使，摆脱魔鬼是自我负责。你要协同孩子发现他内心善良的部分，孩子要为自己内在的勇气、正直、善良等品质负责，而不是把自己内在的"魔鬼"归罪于别人。如果孩子想打骂、伤害对方，我们可以跟孩子分享和探讨，但不要认同。要鼓励孩子通过冲突战胜自己内心的"魔鬼"——那些想伤害对方的想法，改为用更温和的方式去化解冲突。这样，孩子不但能学会在冲突中自我负责，也能学会在人际关系中负起责任来。

第三，在冲突中保护自己是自我负责。如果孩子不小心遭遇了一些暴力事件，我们要告诉孩子先保护好自己，这是在对自己负责。也就是说，承认自己会害怕、不喜欢受伤、不想被打、打不过很多人，并不是什么丢人的事，这恰恰是一种自我负责的表现。不要让孩子以暴制暴，暴力只会助长孩子内在的"魔鬼"。

帮孩子学会融入集体，在集体中承担自己的责任

人人都有社会属性，孩子慢慢走向社会后，也会不可避免地要在集体中学习、生活、工作，这就需要孩子学会融入集体，并在集体中承担起属于自己的那份责任。课程中分享了一种方法，叫作"意识树培养法"，目的就是帮助孩子意识到自己在集体中的责任，拥有一种整体意识。这种方法分为四步。

第一，除草。我们要剔除孩子那些自私、自我的意识，以及推卸责任的意识等。比如孩子在怪罪老师、指责同学时，我们要问问孩子，他自己在其中承担了什么责任，并且要告诉孩子不要推卸自己的责任。

第二，浇灌。我们可以从日常具象的东西入手，比如告诉孩子，大海是由许多滴水组成的，任何一滴水都必须融入大海，才能永不干涸，从而潜移默化地把整体意识分享给孩子，让孩子树立起整体意识。

第三，除虫。"意识树"成长起来后，也可能遭遇"病虫害"，比如将"自我怪罪"伪装成"自我负责"。如果集体出现问题，孩子会拿"自我负责"来怪罪自己，这是不行的。自我负责不是自我责怪，也不是给自己压力和束缚，我们应该引导孩子如实客观地看到自己的参与和付出，既不缩小，也不夸大。

第四，模范效应。家长做得好，就能成为孩子的优秀模范，所

以家长也要具备责任意识。

协助孩子为自己的幸福负责

很多家长觉得，自己为孩子提供了优越的生活条件，孩子就该心满意足，感到幸福，这其实是个误区。

物质享受从来都不等同于幸福感，幸福应该源于自己的内在感受和满足。要想让孩子真正获得幸福，能够为自己的幸福负责，我们就要注意两点。

第一，不要过多承担孩子幸福的责任。孩子今后做什么样的工作，和什么样的人结婚，选择怎样的道路，过怎样的生活，那都是属于他的道路，你要做的，就是尊重他的道路。即使在这条道路上，他会经历一些风雨、挫折，那也是属于他的道路。你要学会放下为孩子幸福负责的努力，让他明白，他的幸福是属于他自己的。

第二，你要为自己的幸福负责。当孩子意识到，他要为自己的幸福负责，为自己的人生努力，而不是为了父母或其他人努力时，他才会产生努力的动力。也就是说，孩子的这种动力应该来自他自身。你也要意识到，你的责任就是为你自己的幸福负责，既不要把孩子幸福的责任揽到自己身上，也不要把自己幸福的责任交给孩子。如果你完全把自己抛弃了，忽略了自身的责任，那么孩子从你身上也学不会如何对自己的幸福负责。

通过学习这五个方面的内容，有针对性地运用其中的方法，相信你不但能培养自己的社会情绪，更能慢慢培养起孩子的社会情绪，帮助孩子了解和管理自己的情绪，学会更好地表达自己的情绪、感受、需求、期望，理解和共情他人的情绪，从而运用正确的方式解决社交过程中遇到的问题，获得融洽、和谐的人际关系，未来成为一个情绪稳定、同理心强，具有较高"情商"的社会人。

第2节　与人交友

康妮解读《朋友还是敌人：儿童社交的爱与痛》

孩子的社交能力是每一个家长都十分关心的话题之一，对此，家长们也常有很多疑问，例如，"是不是孩子天生内向或者害羞，就不会有好的社交能力""孩子在学校经历挫折，还有友谊上的挑战，如何才能不心痛和纠结""作为家长，我们在孩子社交能力的培养中应该扮演怎样的角色"。

就这些话题，著名儿童心理学家迈克尔·汤普森博士领衔撰写了《朋友还是敌人：儿童社交的爱与痛》一书，为家长提供了很多帮助儿童社交的方法和窍门。

自我认知和自信心

我的主业是教成人进行人脉搭建、社会交往，讲解沟通技巧等。但在工作中我发现，很多成人的问题，实际上源于在孩童时期就没有打下一个好的基础，没有一个好的习惯。我们都能感觉到，与人交流时，自信的人更具吸引力，那么，怎样增强自我认知和信心呢？

在孩子幼年时期，要形成安全的依赖感

这是家长的责任，尤其是抚养的第一责任人的责任。一般而言，母亲在孩子成长的最初阶段和孩子最亲近，所以这一依赖感大多由母亲构建形成。让孩子在我们面前能够放松，感觉到被关爱，感觉需求能够得到满足，孩子就会建立非常强大的安全感。只有在家里感受到这样的安全感，他才可能在外面呈现出自信的状态。

父母的言传身教很重要

很多时候大家都说，言传并不重要，关键是你实际怎么做，我不否认身教的重要性，但这里我要特别强调一下言传的作用。例如，在我教育我家两个小孩的过程中，我常常会跟他们说，你们应该怎样做。比如我儿子原来上学一直穿便装，后来我们从美国的明尼苏达州搬到达拉斯，他到新学校报到的时候就说要穿正装，即穿白衬衫打领带上学。我劝他，刚到一个新环境，应该尽量地融入集体，和大家保持一致，但他说他要表态，要有自己的风格，我就默许了，持观望的态度。结果，他真的穿正装去上学了，大概两天

后，他说学校里几乎所有人都认识他了，他们管他叫"那个戴领结的男孩"。我问他为何如此，他说："妈妈，你不是说过，作为一个领导者，我不需要管别人怎么说，只要做我认为正确的事情吗？我觉得穿正装，是对老师的尊重，也是我的一个自我形象，我喜欢这样，这样让我觉得舒服，所以我不会管别人怎么说。"这其实就是我平时跟他讲的话。

可见，尽管我们有时认为家长说的话都会被孩子当作耳旁风，但其实他们都是非常留心的。所以，在孩子的社交中，父母的言传身教很重要，要让孩子知道没做好只是暂时的，不断进步总会做好，要给孩子灌输一种成长型思维的模式。即便孩子现在还不能大方、得体地与别人交流，也不要否定他们，继续努力，要用言传身教来鼓励孩子。

教会孩子认清自己的优势

我们很多人其实并不知道自己的优势在哪里，小时候父母总是打击我们，不管我们做什么，他们都觉得不好。有些父母的做法通常是，你考试得 99 分，他们会问你那 1 分是怎么丢的，而不是夸你考得这么好。那么，如今我们成了父母，该怎么帮助孩子认清自己的优势呢？这里我推荐一些亲子互动小游戏。

一个小游戏是"优势链"，你可以把纸叠成细的纸条，然后让孩子在上面写出自己的优势，比如"我很会做手工""我画画很好"

"我唱歌很动听"等，把这些纸条粘成一个个小圆环，然后串起来，就形成了孩子的优势链。孩子可以不断地积累，链条越来越长，他们也会发现自己的优势越来越多。同时，这个游戏也帮助家长不再总是将目光聚焦在孩子的缺点上，为孩子进行积极的心理建设，让他们知道自己的优势在哪里，并利用这些优势帮助别人，或者说为社会做贡献。

　　另一个小游戏是"成就箱"。在家里找一个小容器，比如纸巾盒或者用完的玻璃瓶，把它作为一个成就箱。当孩子做了一件特别好的事情时，就写一个小条记录下来，放入成就箱。做了一件手工、帮助别人完成一件事、比赛得奖或者担任班干部……任何一个小小的成就都可以让孩子写下来，放进去。这个小游戏可以帮助孩子看到自己取得的成就，让他们意识到，点滴小事都是成就，都可以得到鼓励，从而树立自我认知。

恰当地对待孩子的缺点

　　举个例子，我是家里的老二，父母宠我多一些，所以我在小时候会跟姐姐发生冲突，甚至经常攻击我姐姐。我爸爸每两周从矿井回来一次，他听到这些事之后，就会对我说："你现在有很多优点，但是你还有一点做得不好，比如你会打奶奶、打姐姐。你的不好现在就是大拇指这么大，其他都是优点，下次爸爸回来再看看，不好的地方有没有减少。"两周后，我爸就跟我说："你的缺点现在越来越少了，现在只有指甲盖这么大了。"对待孩子的缺点，当然不是说不能讲，但我们的用意是要帮助孩子改变自己。我们也可以给孩子一个直观的、客观的评价，或者让他了解到，虽然我有这么多缺点，但我还可以继续努力和修正。我很感谢父亲在我小时候给我讲的缺点从拇指变成一个指甲盖，再变成指甲尖，这帮助我更好地了解了自己的缺点，知道不足的地方是能够改进的，而不是无法克服的。并且让我知道，我只是有缺点，而不是整个人被否定，从而让我建立起全面的自我认知。

在练习和掌握中获得自信

其实，孩子自信心的树立，并不只是简简单单地源于外界的反馈。家长和老师的表扬，并不是一定会帮助孩子树立自信。真正的自信，来自反复的练习，通过自己的努力做到一件事的过程，才会使孩子有信心。举一个最简单的例子，我家老大练钢琴，老师说他有天赋，心里有音乐，我们说他练得不错，弹出来好听，但实际上，他真正的自信来自他通过反反复复的练习，把一首很难的曲子弹奏出来。在这个过程中，他发现，这个曲子看起来很难，但是他通过自己的努力是可以完成的。在孩子的社交能力和沟通能力的培养上，也需要让孩子在不断的练习当中，在不断的掌握当中，获得自信，要让孩子自己意识到，原来他们是可以跟别人有礼有节地交往的，他们可以做很有礼貌的、善于交际的人。这些都是要在他的练习和掌握当中获得的自信。

高能量姿势

这是一个很小的技巧，是哈佛大学社会心理学家埃米·卡迪女士研究出来的。双腿分开，与肩同宽，双手叉腰或者向上伸，挺胸抬头，将这个姿势保持两分钟。如果孩子看过好莱坞的电影，他们可能会发现超人或者超级女侠也做出过这样的姿势。保持这个姿势两分钟，就可以让人睾丸素水平上升，皮质醇水平下降，从而提高自信心。科学研究表明，在这样的姿势下，我们身体里的激素水平会自动地调节。尤其是在要出门去见朋友，或者要上台表演、演讲，或者参加什么大型活动之前，这个姿势可以帮助孩子拥有自信，用舒展、放松的姿态展示自己。

培养孩子的基本行为规范

我们经常会看到这种现象，大人带着孩子在外面遇到别的小朋友时，如果孩子没有和其他小朋友一起玩，大人就会说"我们家孩子很害羞"或者"他一到外面就不知道怎么说话"。其实，当着孩子的面做这种评论，是对孩子有负面影响的，这样贴标签往往是因为家长要给自己找一个台阶下，寻求个人情感上的解脱，让别人知道，孩子这样不是我的原因，是孩子本身的原因。然而，在我看来，无论孩子的性格怎样，如果他的行为很难符合社交方面基本的行为规范，基本都是家长的问题。

基本的社交行为规范很好理解，包括会不会问好、会不会跟别人进行目光接触、会不会道谢、会不会道别、会不会道歉等。在英文里有一句话：你人生所有要学习的，其实都是在幼儿园里学习的。

曾经有一位网友问我，孩子不能做到像社交达人一样很会聊天，怎么办。我就很好奇，一个五六岁的孩子，为什么要像社交达人一样呢？我们的培养目标，不是必须让孩子做一个"社交达人"，而是让他们能够做到大方得体。

角色扮演

和孩子出门之前，或者在平时的家庭对话中，都可以跟孩子讲解一些基本的行为规范。也可以专门设立一个家庭会议，讨论这个话题。具体内容可以包括哪些呢？比如，可以让孩子说他认为跟别人接触时应该看哪里，是否应该有笑容，或者怎样问好，也可以做角色扮演游戏。和孩子一起讨论，如果见到一个爷爷奶奶这个年龄的人，该如何打招呼；如果见到一个叔叔或者阿姨，又该如何打招呼；如果有小朋友和他们的家长一起到家里来玩，他们临走时，我们应该怎样道别，等等。这些肯定会遇到的实际场景，都是可以在家里做角色扮演的。我们把这些场景跟孩子预演好，那么孩子在生活中真的遇到这些情况时，就不会紧张，而是有所准备。

对话练习

如果孩子本身不是一个对话能力很强的人，也是可以在家进行训练的。汤普森博士给我讲过一个训练方法——传球游戏。这个游戏主要针对大一些的孩子，至少是能够和家长进行对话的孩子。在家里找一个球，什么球都可以，你问一个问题，同时把球传到孩子手里，等孩子完整地回答之后，再向你提出一个问题，才能把球传回给你，否则球就要留在他手里。举个例子，我问儿子，最近在读什么书，这时候我把球传给儿子，他说他在读波西·杰克逊系列，但这样不行，他还要说出为什么喜欢或者最喜欢其中的哪些内容，比如他说他最喜欢波西·杰克逊的勇敢。继而，他会问我在读什么书，并把球传回给我。我说最近在读汤普森博士的《朋友还是敌人：儿童社交的爱与痛》，并且告诉他这本书给我最大的启发是什么。然后，我可以再问他，汤普森博士说儿童社交是可以去培养的，你认为呢？他说："我认为确实是可以培养的，你看弟弟，以前他可能不会跟别人眼神接触，通过训练他可以做到。"这是我的例子，如果你的孩子尚小，比如五六岁，那么你们的对话可以更日常一些，例如今天想吃什么、喜欢什么等。根据孩子的年龄阶段的不同而选择不同的问题。通过简单的传球游戏，我们可以跟孩子进行对话能力的训练。其中的关键，是要具体地回答问题，并且提问。如果孩子从小在家进行这种对话训练的话，那么他跟别人讲话的时候，会更游刃有余，这种能力会变成一种本能。

动静结合

经常听到家长说，自己家孩子比较内向，不善于跟别人交往，比较害羞，或者说他们出去社交会觉得很累。其实，一个人是内向还是外向，基本上是天生的。内向的人，任何一点刺激都会让他们觉得很累。比如他们出去参加一个聚会，回来以后会觉得整个人都"耗干"了。而外向的人，需要更多的外界刺激，社交会让他们感觉像充电。所以，社交对于内向和外向的人，是不一样的。所以，对于内向的小朋友，家长最好不要给他们安排特别多的人在一起的聚会。

以我家老大为例，他小时候是偏内向的。但我自己本身是很外向的人，我喜欢呼朋唤友，经常在周日晚上召集一些朋友来家里玩。我慢慢发现，每次我的朋友到家里来，我儿子的情绪波动都会比较大，非常不开心，觉得自己做得不好，没人喜欢他。后来，为了分析他为什么会爆发这种负面情绪，我专门找来了心理医生，医生告诉我，很多小朋友有"周日晚上综合征"，因为周一要上学，他们本身就很紧张，另外，人多的场景会让本身就内向的儿子感觉能量被耗干了，非常不舒服，这两件事加在一起，就造成了他明显的情绪波动。了解这一点之后，我理解了他需要一个独处的环境，于是我把周日的朋友聚会改为自己的家庭聚会，只和家人在一起，营造出一个安全的、平静的、使人愉悦的环境，这样他的情绪就变得非常稳定了。

对于一个内向的小孩，培养社交能力的方法，是一对一的连接。内向的人特别善于建立一对一的联系，因为这对他们的觉醒水平刺激不大，能建立一种更深厚的情感联结。我们可以每次只邀请一个小朋友到家里来，或者让孩子跟一个小朋友一起外出玩耍，建立两个人的谈话，说悄悄话、分享秘密，或者做一些简单的体育活动、娱乐活动，小朋友会很喜欢这种交流。

除了是一对一的交往以外，还要注意动静结合。如果小朋友无法避免地出去参加了一个大型活动，那么回家一定要给他一个独处的时间，让他有个"充电"的机会，自己放松下来。给他一个安静、安全的环境，恢复内心的能量。

教孩子应对外界反馈

无论是成人还是孩子，每天都会收到很多来自外界的反馈，有些是正向的，比如称赞你成绩好、懂礼貌，但也有一些是你根本不愿意听到的负面反馈，比如说你还不够努力、做得不好。对于负面反馈，有一些是建设性的批评建议，有一些则是小朋友之间的恶意说辞。如果孩子无法正确对待正面反馈，他们有可能会沾沾自喜、骄傲自大，给人留下一种骄傲的印象；如果他们无法正确面对负面反馈，则可能会沮丧、抱怨、生气、愤怒，甚至和别人发生冲突。所以说，如何正确地面对反馈，也是家长教给孩子社交技能的关键点。

面对正面反馈

对待正面反馈，我们当然会开心，但谦虚谨慎也是重要的美德。你可能会问，自信和谦虚是不是相悖呢？其实不是的，我们看到很多真正自信的人反而非常谦虚。

举个例子，我带孩子去参加钢琴比赛，他弹了一首莫扎特K545，赛后有一个家长带着自己的孩子过来对他说："我真喜欢听你刚才弹的曲子，这是我听过的最好听的莫扎特K545。"我儿子听到这句话，回答道："谢谢您！我真的是很努力的，我练了很久。"我很高兴他能这样回复别人，如果他只说谢谢就高兴地走了，会让人感觉有些骄傲，而他的话同时带有自信和谦虚。

这种面对正面反馈的方式，同样适用于成年人。我自己有一个这样的例子，在听到别人说我"法语讲得真好"时，我的回答是"我学了好几年，还在法国生活过半年以做沉浸式的培养，才能讲到今天这样。"这样的回复，能让别人感觉到我的成就不是靠天赋，而是凭借努力。

面对负面反馈

回应正面反馈并不难，难的是面对负面反馈。从孩子的情绪来讲，负面反馈很可能会让他非常沮丧、生气，甚至将整个人封闭起来，不愿再交流，进而可能发展到暴力反击。所以，引导孩子应对负面反馈非常重要。

我认为，应对负面反馈的整体原则就是，有则改之，无则加勉。当别人给孩子负面反馈时，你可以引导孩子，想一想对方说的有没有道理，如果有道理，就想办法改正；如果觉得没有道理，可以一笑置之，不必再理睬；有能力的话，还可以在心里铸造一堵墙，把自己和无理的负面评价隔离开。我就对我儿子说过，想象一堵墙，可以把对方说的脏话反弹回去。慢慢地，孩子就会学会应对负面反馈，不再为此受伤。

孩子间的友谊

每个人在成长过程中，都有不同数量的朋友。对于孩子的友谊，我们首先要明确认识到一点：我们的孩子和我们不一样，不能用我们选择朋友的标准或数量去要求孩子。这一点，家长一定要记住。作为家长，我们要真正地了解孩子，要了解他在交朋友的过程中处于什么状态，这样才能更好地帮助孩子。

孩子没有朋友怎么办

汤普森博士在这本书中写到，学龄儿童平均每人有 5 个亲密的朋友。注意，这只是一个平均数，也就是说正常值范围是很大的，可以是多于 5 个，也可以是只有 1 个。交友的关键在于质量，而不是数量。

对于任何一个小孩来讲，在学校里一定要有至少一个可以谈心的朋友，否则会很孤单，遇到任何问题，都显得孤立无援。那么，如果孩子出现这种孤单的状态，我们应该如何帮助孩子呢？我的一个建议是，逐个击破。

我们要明白，如果在一个集体中，只有你的孩子孤身一人，那么很有可能是这个孩子本身做事的方式超出了其他孩子能接受的范围。这不是说孩子不好，他可能是很特别，比如，他成绩特别好，别的孩子有可能因为忌妒心而孤立他。当然也有可能是他有一些行为举止不被广大同学接受，比如太娇气，或者太挑剔，等等。对这类孩子，我们可以让孩子自己选择一个他最想交朋友的人，邀请那个孩子到家里做客或者一起参加娱乐活动，慢慢地，他可能会再邀请其他同学，和他们逐渐熟络起来。你也可以通过这些活动，和其他孩子的家长产生联系。

孩子的交友问题

我相信，家长其实都很担心孩子在学校的处境。大部分孩子会自然而然地形成自己的小群体。对此，作为家长，我们不要过多地干预，除非看到明显的问题。比如，我家老二小时候在幼儿园里交过一个朋友，那个孩子从年纪很小时就说脏话，还对他的妈妈拳打脚踢，大声吼叫，我就很坦诚地对我儿子说，我不希望他和这样的孩子做朋友，因为这个小朋友的行为举止是我不能接受的。这是我的一次干预，但这样的情况非常少。

很多家长面对的另外一个问题是，孩子在学校被霸凌，或者说被别人欺负，包括言语上的和行为上的。我家老大就遇到过这种事，我非常痛心。他是一个比较温和的孩子，有一天晚上，他洗澡的时候突然大哭，在我的追问下，他说学校里有一个小朋友对他特别凶，给他起外号，还说他是笨蛋，所以他觉得自己不被人喜欢，非常伤心，而且不理解为什么对方要这样做。我当时看到他的样子，非常难过，洗完澡，我帮他穿好衣服，努力开导他，他其实一点儿都不笨。我告诉他，听到这些话，你可以想一想他说得对不对，比如你可以问问妈妈、问问老师，你真的笨吗。你不用因为这一个人这样说，就觉得自己被否定，很沮丧。此外，我们也要持续关注孩子的情况，因为孩子一旦被欺负，就很容易形成惯性，对方可能不断地找他麻烦，矛盾甚至会愈演愈烈，上升到肢体冲突。

这里，我们可以给孩子三种选择。第一个选择是，让孩子自己解决这个问题。如果孩子觉得自己能够勇敢地站起来保护自己，你可以鼓励孩子，让他知道学校和家长都支持他保护自己，会帮助他。我们可以在家里演练，再出现类似情况时，孩子可以如何解决。第二个选择是，让孩子躲开欺负他的人。孩子有能力远离霸凌，不做反应，从此避而远之，不再过多接触，这也是一个选择。第三个选择是，如果孩子被欺负已经是一个长期的状态，我们可以去学校，向老师、校长反映问题，请校方出面解决。你可以去跟孩子的老师、校长或者是教导主任去反映。

作为家长，我们不可能跑到学校直接处理做出霸凌行为的孩子，这是不文明且不理智的做法，我也不建议家长直接出面参与孩子之间的纠纷，但是你可以教给孩子如何自卫、如何寻求帮助，这是必要的。

一个孩子如果常常表现得很软弱，就容易被别人欺负，而自信心是要由孩子自己树立起来的。我们肯定不会教孩子如何欺负别人，但我们会在生活中教给他不畏惧的心态和机智的做法。尽管我们不会出手伤人，但我们要懂得如何控制局面，保护自己。

当孩子遇到校园霸凌后，我们也要注意孩子的心理变化，通过深度沟通，了解孩子的内心状态，从而帮助孩子做出面对这个问题的选择，是自己处理，还是让家长出面请学校处理。

家长在儿童社交中的角色

汤普森博士在《朋友还是敌人》这本书中，特别给大家提了九点建议。

第一，家长不要过分担心

孩子在我们无微不至的爱中长大，我们已经给孩子提供了这样的社交起点，我们要有信心，相信孩子可以在社交中收获成长和快乐。然而，现实生活中，很多家长的担心跟孩子的实际能力是不成比例的。研究表明，85% 的孩子具备独立社交能力，而绝大部分家长担心孩子不能自己完成社交。

事实上，孩子在家庭以外的环境中所表现出的状态，和在家里是完全不同的。有些家长担心孩子无法社交，因为孩子在家很内向，安安静静，带他出门的时候也很少说话，但其实他在学校就像变了一个人，和同学说说笑笑、打打闹闹，可以说如鱼得水。所以，家长不必过于担心，孩子自有其处事方式，等到孩子遇到真正的社交问题，我们再随时与校方沟通。

第二，认识到友谊和受欢迎之间的重要差异

根据统计数据，只有 15% 的孩子是真正受欢迎的孩子，而在每个孩子的内心深处，对于他们是不是受欢迎这个问题，可能得到肯定答案的概率更低。以我家老大为例，我觉得他已经算是比较受欢迎了，在学校里或者上下学的路上，遇到的老师和同学都会主动

跟他打招呼，但在我问他是否觉得自己是受欢迎的孩子时，他却回答"不是"。他在美国读书，他认为，只有那些体育好的孩子才是真正受欢迎的。其实对于孩子来说，受不受欢迎并不重要，能够发展真正的友谊才重要。

孩子有真正的朋友就行了，哪怕只有一个，只要他们能够在学校里互相支持、互相关心和帮助，就足够了。所以，家长不要担心孩子在外面不受欢迎，家长应该关心的是，他们有没有高质量的友谊。

第三，家长要支持孩子的友谊

如果你问孩子，我是否可以在你的友谊里扮演一个角色，孩子很可能会对你说"不用了，谢谢"。那么，作为家长，难道真的就没什么可以做的了吗？当然不是。我们要支持孩子的友谊，给孩子创造环境。比如，当孩子转到一个新学校，面对一个新环境，我们可以积极地认识其他小朋友的家长，给孩子们创造聚会的机会，帮助孩子们发展友谊。

以我为例，我会非常主动地邀请我儿子的朋友们的家长，定期在一起吃饭、聊天，或者一起做运动。在这种群体交往中，我不仅能够了解我的孩子在其他家长眼中的形象，也能更全面地了解孩子在学校里的情况。我常常是每隔一个季度，就会邀请他的几个好朋友的妈妈们一起吃个午餐。另外，遇到和我特别聊得来的家长时，我还会跟她进行一对一的午餐，深入聊一些我们在事业上、家庭上、育儿上的心得。我跟儿子同学家长发展起来的友谊，也会促进孩子们之间的友谊。

第四，让孩子的朋友到家里做客，并且热情招待

小时候同学们到我家来时，我的母亲就是一个非常好的主人，她一会儿端出一盘水果，一会儿拿出零食招待我的朋友。汤普森博士在这本书中说，家长应该做到三点：首先，跟孩子们打招呼；其次，尽量让孩子们自己玩，不要围着他们转来转去，简单地表示一下欢迎就可以了；最后，当对方家长来接孩子时，你可以当面表扬一下他们的孩子，每个孩子都会有自己的长处，不妨用心来发现它。这些方法，都有助于为孩子们提供缔造友谊的环境。

第五，不仅做友谊的榜样，也做友谊的老师

有时候，孩子不一定会自然地懂得如何维护友谊，我们要通过言传身教，成为他们的榜样，教他们怎样待人接物、怎样接受反馈、怎样与人互动。

第六，为孩子提供广泛的社交机会

有时候，我们觉得带孩子参加一些社交活动他们太吵太闹，但对于孩子来说，他们可以从中收获很多感受。参加大家庭的聚会，孩子会有跟年长的人尤其是老年人接触的机会；参加我们和同事、朋友的聚会，他们能够观察到，我们跟同学、朋友是怎样接触的，自然地学会一些社交方法。

举个例子，我有一个在哈佛商学院的同学，她在乐高集团做高管，我去巴黎时，约她在艺术桥见面，我也带上了我的孩子。赴约之前，我告诉孩子，今天他们会见到一个阿姨，她是乐高集团的财务总监，有什么关于乐高的问题，可以准备一下，一起和阿姨聊。他们一听乐高集团，就很开心，因为他们很喜欢搭乐高。见面后，他们问的问题真的很不错，比如新产品什么时候出、某个产品线在哪里生产的、是否可以提前拿到样品，等等。我当时看到这个场景非常开心，他们能够提前准备一些问题，与大人沟通探讨，自然会从中有所收获。

同时，这件事也反映出一个道理，如果我们自己每天宅在家里，不出去社交，又怎么能期待孩子善于沟通交流呢？为孩子提供广泛的交友机会，让他们多参加一些集体活动，他们自然会交到心仪的朋友。

第七，与孩子朋友的父母和"敌人"的父母交朋友

孩子进入一个群体，有自己喜欢的人和不喜欢的人，这是一件很正常的事情。"敌人"的表述有些不妥，但孩子一定会遇到这样的情况：一些孩子对他表示善意，也有一些孩子对他不那么友善。汤普森博士的观点是，作为家长，面对那些对自己孩子没有善意的小朋友，也要主动结识他们的父母，争取和他们的父母做朋友，而不要在孩子打了架或者是闹了别扭以后，怒气冲冲地给对方打电话，或者找对方家长的麻烦。在与家长们的日常沟通中，了解孩子们的日常交流也是很重要的。

第八，要同情孩子的社交痛苦，但也要保持理智的判断

针对这一点，汤普森博士给出了一个非常重要的建议，就是不要做痛苦的追问。首先，孩子的情绪变化非常快，他们和朋友之间的关系好或不好，变化往往就在一瞬间。大部分时候，他们闹了矛盾或者伤心，很快就能够恢复。其次，孩子自己解决问题，其实是更积极的，他们很快就会跟小朋友和解。再次，孩子有时候喜欢把痛苦转嫁给家长，他们看到你为他担心为他痛苦，会故意要跟你多说这方面的事。最后，很多家长在面对孩子的矛盾时，并不是在对孩子的痛苦感同身受，而是会回忆起自己小时候的处境，可能是不好的经历戳中了我们的心，才导致我们异常紧张。

另外，孩子在大部分时间里是坦诚的，但有时候也会编故事。比如，如果他们感受到，自己被欺负时，家长会成为他们的支持者，他们就会为了享受这种被关注和支持的状态，编一些自己被欺负的故事告诉家长。遇到这种情况，我们在了解到孩子没有被欺负后，就不要再往下追问，以后择时再进行引导。

第九，了解孩子在群体中所处的位置

如果孩子在社交方面有困难的话，家长一定要伸出援手，和孩子沟通，或者主动与老师聊一聊。另外，我们要评估一下，自己的孩子是不是缺少像其他孩子一样的社交技能，比如，孩子是不是显得比别人幼稚，总是不知所措，不知道怎么解决问题等。如果遇到这类情况，我们可以向老师求证，并且跟老师讨论一下，如何帮助

孩子，如果问题严重，就需要寻求专业帮助。

在孩子成长的过程中，我多次约过心理学家或者心理医生，针对孩子的某个问题和他们交流，寻求办法。这不是什么可耻的事情，而是科学的解决方法。

我们每个人培养孩子，并不是希望把孩子培养成一个八面玲珑、人见人爱的样板，而是希望他们独立、自爱、自信、谦虚，有能够独立生活的能力。

应该说，我们不是培养孩子，而是培养一个未来的成年人。从这种角度帮助孩子建立自己的社交圈，我们就不会像传统的虎妈虎爸那样，管得非常严，什么事情都要插手，而是应该更像海豚：大海豚和小海豚一起玩耍，大海豚就在小海豚周围陪着它一起游，但不会帮它游。

如果你能成为海豚父母，能够陪伴孩子，既能做他的老师、榜样，又能像他的伙伴一样指导孩子的社交，那么我相信，你的孩子未来一定可以成为一个独立的、具备社交能力的、优秀的成年人。

第 3 节　两性教育

陈一筠《你好，青春期孩子：从两性教育到生命教育》
课程精编

　　孩子从儿童到成年，要经历十多年的成长期。人口学研究表明，20 世纪初期到末期，青少年的性成熟期已经从十六七岁提前到十二三岁。在走向性成熟的过程中，青少年的生理、心理等都会发生巨大的变化，需要家长特别的关注和重视，更需要家长科学地应对。

　　从生理上说，孩子的身体会出现某些"性征"，例如，男孩出现遗精、脸上长出胡须，女孩月经来潮、乳房开始发育等。同时，进入青春期的孩子会在心理上会对异性产生好感和冲动，这就是所谓的"情窦初开"。

　　进入青春期的孩子，面对自己日益变化的、快速成熟的身体和难以理解的"性"发育，如果没人告诉孩子身体出现这些状况的原因和应对方法，孩子可能就会通过不恰当的途径去了解摸索，甚至冒险，最后引发不好的结果，如过早发生性行为、早孕、堕胎等，甚至是性犯罪。

从情感上说，伴随着性激素即性荷尔蒙的大量释放，孩子会对异性产生好奇、神秘的感觉和喜欢、欣赏、爱恋等冲动。如果处理不好与异性间的关系，孩子就不能适当地把握异性之间交往的分寸，由此可能导致行为失控、情感挫折乃至心理危机。

此外，随着学习压力的增大及社会环境的日渐复杂，孩子还要不断接受新的任务、新的挑战。这也需要家长及时引导孩子，帮助孩子答疑解惑，防止孩子陷入对生活与生命的困顿之中，影响孩子对生命的正确认识。

《你好，青春期孩子：从两性教育到生命教育》中的一部分课程，针对的就是孩子青春期成长过程中的生理、心理和情感状况，旨在让家长认识到性健康教育和情感教育的重要性，消除以往对孩子的某些误解，引导孩子学会处理自己的情感和两性关系问题，拥有成熟的爱和被爱的能力，丰富自己精彩的人生。

此课程还涉及简单的生命教育话题，旨在引导孩子初步认识生命的价值和意义，懂得尊重、珍爱和珍惜自己与他人的生命。

家长要更新教育观念

处于青春期的孩子，身体和心理都会经历一系列的巨变，困惑和迷茫也会随之产生。如果家长不能及时向孩子解释青春期与儿童期有哪些不同、男孩与女孩有哪些差异，以及他将会面临哪些社交与情感考验等，孩子就可能出现各种各样的问题。

家长与青春期孩子相处时，首先要注意调整自己与孩子之间的关系，要从过去的完全"大于"调整到"大于加等于"。"大于"，就是家长需要引领孩子，做孩子的榜样，担负起家长的责任；"等于"，就是把孩子当成独立的个体，尊重孩子，鼓励孩子表达自己的观点，倾听孩子的意见，与孩子做朋友，以平等的态度与孩子互动式、参与式地探讨一些问题。尤其是在下面三个问题上，家长不可随意给孩子"贴标签""戴帽子"。

第一顶帽子："叛逆"

孩子到了十几岁之后，很多家长发现，孩子不再像以前那样"听话"了，于是就会给孩子扣上一顶"大帽子"——叛逆。

其实，这时孩子的生理和心理都进入了快速发育期。在生理方面，身体内荷尔蒙的大量释放，打破了以往的平衡，让孩子感到不适；在心理方面，他们觉得自己"长大"了，渴望被理解、被尊重，渴望独立，但又不知道如何表达内心的需求，因而心烦意乱，情绪变化无常。如果此时父母提出一些让他们不愿意接受的观点，他们就可能与父母产生争执。于是，父母觉得孩子"叛逆"，孩子认为父母不理解自己。

在这方面，父母必须理解这个阶段孩子的身心变化给他们带来的强烈冲击。成长过程中孩子有提出合理需求的权利，在不违反原则、不引发危险的情况下，父母可以试着给孩子一些自由空间和表达机会。孩子走向成熟和独立的过程，就像儿时学走路那样。开始时你拉着他、领着他走，但走着走着，他会在还不能完全独立行走时，就想摆脱大人的帮助。这时，你就要给他一个相对安全的空间，让他尝试自己走，哪怕会摔跟头，你也得放手。只有这样，他才能更快地学会走路。

青春期孩子的"叛逆"表现与学走路是一样的。他还不成熟，却想像成年人那样自主行事，想要自己做选择、做决定。这实际上是孩子成长的必经过程，具有积极的意义，不是某些家长认为的坏事。你应该承认孩子在长大，并且正在走向独立，有些事要让他自己去尝试、去经历、去体验，甚至去试错、摔跟头。这些经历和体验有助于孩子成长、独立并培养出勇敢、果断和奋斗的精神。

第二顶帽子："早恋"

如今很多进入青春期甚至适婚期的男女，不善于也不敢于跟异性交往。从他们的成长过程看，可能在中小学阶段缺少充分的异性交往经历，或曾被父母扣上过"早恋"的帽子。有些家长担心"情窦初开"的孩子在与异性的交往中发生"出格"行为，因此严加防范，甚至明令禁止孩子与异性同学之间正当交往。

孩子在成长过程中，不但需要同性朋友，也需要异性朋友，他们会在与异性交往的过程中学会了解异性、认识自己，学会与异性建立友谊。如果家长因为害怕孩子"早恋"，就阻止孩子与异性同学交往，其实是对孩子成长的干涉和妨碍，后果可能是当孩子到了该谈恋爱的年纪，反而会退缩，因为他没有与异性正常交往的经验，不知道怎样处理与异性朋友、恋人之间的关系。今天社会上的单身群体越来越庞大，恐婚族、不婚族也越来越多，这与他们年少时的经历不无关系。

因此，家长不要一看到孩子跟异性同学交往，就给孩子扣上"早恋"的帽子；相反，家长还应该积极鼓励、引导并提供机会，让孩子坦然、从容地与异性同学正常交往，收获美好的情谊。

第三顶帽子："心理问题"

绝大多数孩子的成长过程都会伴随着各种烦恼。例如，对体貌变化的困惑，对情感问题的迷茫，学习压力的无处释放，等等。这些烦恼大多不是什么"心理问题"，不过是情绪上的短暂"阴霾"，需要阳光去驱散。

然而，有些家长一看到孩子表现出某种"不正常"的言行，就认为孩子有"心理问题"，甚至任由精神科医生给孩子开具药物服用。一旦药不对症，孩子便很难回归正常状态。所以，建议家长不要轻易把未成年的孩子交给"心理医生"。

总之，想让孩子健康成长，家长就要不断更新自己的教育观念，科学地看待孩子成长过程中遇到的"新问题"。我们常说，家庭是孩子的第一所学校，家长是孩子的第一任老师，从对孩子青春期的教育与引领责任方面来说，更是如此。有专家提出"青春期教育应当成为中小学生家庭教育的标配"，因为家长可以在顾及孩子的敏感性和保护孩子的隐私性的前提下，帮助孩子对自身的生理、情感发展进行正确解读。只有这样，家长才能引领孩子顺利地度过他成年之前的这个关键阶段。

鼓励孩子的正常交往

一般来说，到了小学高年级阶段，男孩、女孩在与异性同学交往时会开始出现一些特别的表现。例如，有的孩子收到异性同学发来的一条微信时，往往会有异样的表情，说不清是欣喜、迷茫，还是疑惑；还有的孩子在接到异性同学打来的电话时，表现出兴奋、羞涩或者一副神秘兮兮的样子。

看到孩子的这些表现，有的父母心里就开始犯嘀咕了：孩子怎么这样反常？该不是早恋了吧？会出问题吗？等等。

其实，这些都是孩子"情窦初开"的自然表现。一个健康的、身心发育正常的男孩或女孩，一定会对异性世界表现出特别的兴趣。家长不但不应该把这种现象看作不好的事情去围追堵截，反而应该对孩子与异性的交往多一些积极的鼓励与引导，让孩子有机会了解异性、认识自己，为之后迈入恋爱择偶的季节打下良好的基础。

一般来说，青春期的异性交往有许多重要功能和积极意义。

释缓性冲动与情感压力

孩子在成长过程中会面临各种困扰：一方面，他们觉得自己应该听父母的话，把注意力放在学习上，不应该过多关注异性；但另一方面，受性激素的驱使，他们又会不由自主地把目光放在异性身上，渴望接近异性。这种矛盾心理会让孩子很焦虑，产生一定的精神压力。

有些家长不理解：男孩跟男孩玩，女孩跟女孩玩不也挺开心吗？为什么偏偏喜欢与异性同学往来？

要知道，青春期男孩的体内会分泌大量雄激素，女孩的体内也会释放大量雌激素，这时的男孩与女孩，就像阴阳两个磁极，放在一起肯定会相互吸引，发生"磁场反应"，产生某种令人兴奋与舒爽的能量，我们就叫它"情愫"吧。这种能量虽然看不见，但真实存在，并且悄然地滋养着少男少女的情感世界，让他们忽而感到愉悦、放松，忽而又感到烦恼、忧愁。这种感觉在同性交往或亲子相处中一般不会产生。

可以说，哪个孩子能够有机会坦然、从容地与异性交往，哪个孩子就更阳光、更活泼、更健康，内心的压力也更容易得到疏缓。

排解青春期烦恼，促进心理健康

由于第二性征的发育，男女有别的体貌、体型等都会给孩子带来压力。有一位初中班主任跟我说，他的班里有个女孩，上课经常拿出镜子来照自己。这说明她可能对自己的外貌感到不满意，这就是一种烦恼，心理学上叫"体象障碍"。还有的男孩觉得自己长得不够魁梧，不够帅气，不够吸引女孩注意，从而感到烦恼。

另外，学业、考试、班级排名的压力，个别老师对某些同学的偏爱，与同学或朋友之间的矛盾，家庭关系的不和谐等都会成为孩子烦恼的源泉。烦恼中的孩子就像掉进一个泥潭，痛苦、挣扎，希望有一根救命绳索能帮助他爬出泥潭。

谁能充当这根救命绳索呢？

首先就是父母。如果父母能走进孩子的心扉，经常安慰、开导孩子，就能帮助孩子消除大部分烦恼。遗憾的是，很多父母没能与孩子建立良好的沟通习惯与和谐的亲子关系，无法打开孩子的心扉，每天除了关心孩子的课堂表现、作业、考试之外，什么都不关心。这就让孩子的烦恼无处倾诉，负面情绪也得不到及时疏解。

庆幸的是，孩子身边还有可倾诉的同龄人，其中也许就有在乎他的异性同伴。他们往往会比老师和家长更快速地发现身边的同伴今天不开心了，或是出于理解、关心，或是出于同情，主动走进同伴的内心，说几句安抚或鼓励的话。这种异性之间的磁场反应所产生的能量可以温暖孩子的内心，减轻孩子的烦恼，救助困境中的孩子。

促进自尊心、自信心的成长

孩子在成长过程中，不但身体在快速发育，自尊心和自信心也在快速建立。他们会越来越在意周围的人，尤其是异性同学对自己的看法和评价。如果有心仪的异性表现出对自己的关注，他就会特别注意自己的言谈举止，以期给对方留下美好的印象，甚至还会因此努力做出巨大的改变。

有位高二班主任给我讲过一个故事：他的班里原来有个男生特别优秀，与一位女生一起从普通中学保送到重点高中的重点班。起初，两个孩子都是班里的优等生，但到高一下学期，男生的成绩忽然迅速滑坡，到高二上学期末，由于他的考试分数太低，把全班总分数都拉下来了。同学们都抱怨他，老师也找他谈话，他都无动于衷。

寒假返校那天，正赶上西方的情人节。男生送了一张贺卡给一起被保送来的女生，还在卡片背面认真写了一句话："很想和你做朋友，但愿你不拒绝。"女孩不知道该怎样回复他，便回家请教了妈妈。幸运的是，女孩的妈妈是一位大学心理老师，她听女儿讲了男生的情况，又看了女儿递过来的那张卡片，对女儿说："你们不是一起被保送的好学生吗？如今他落后了，你是学习委员，不觉得有责任帮人家一把吗？我看那两句话没什么毛病，不正是在向你求助吗？"

女孩听了母亲的解释，第二天就勇敢地回赠了男生一张贺卡，同样用心地在背面写了几句话："我愿意成为你的朋友，我将和你一起努力，希望你能够赶上班级的步伐。我相信你一定会再现初中时代的那份辉煌，加油吧！"

男孩收到女孩回赠的贺卡，内心非常感动。他随即给女孩写了一封长长的信，倾诉自己的困难和痛苦。原来，在高一下学期，他的父母离婚了，他跟着妈妈生活。由于经济拮据，他不得不利用课余时间四处打零工，其间不但耽误了学习，还遭受了很多白眼，这让他很受伤，学习成绩也一落千丈。正是这位女孩对他的接纳和鼓励，才让他重新燃起奋斗的勇气。他在信的末尾这样表示："是的，我成了班级最差的一员，对不起老师和同学们。但是请你相信，从下学期开始，为了你，我要成为班级里最优秀的男生！"女孩把这封信也给她的妈妈看了。她的妈妈这样说道："男女生的友情互助原本可以是这样的。几句鼓励的话语，竟然可以给掉队的同伴带来如此的感动和努力的决心！"

　　所以，千万不要低估异性同伴之间的情谊，它有时比父母的关爱更能帮助和拯救处于困境中的孩子。

　　孩子在情窦初开时，有情感方面的需求再正常不过了。少男少女之间的友情、承诺、鼓励和帮助，大大促进着彼此的成长，对他们未来求索爱情、成就婚姻都有着非常深远的意义。认识到这一点，家长也许可以安心放下手中那顶"早恋"的帽子了吧？

更顺利地度过"第二次断乳期"

　　如果你稍微留意一下就会发现，进入青春期后，女孩与爸爸的关系会变得很微妙：在爸爸面前，她会羞涩地躲避，怕爸爸发现她的"秘密"；同时她会对爸爸产生一种异样的亲近感，渴望更多温暖的父爱。此时的女孩，作为一个阴性磁场，与陪伴已久的爸爸的阳性磁场悄然发生着本能的"磁场反应"，生成的能量会滋润女孩的心性。

　　从这个意义上来说，如果青春期的女孩缺少父爱的温暖，就可能缺少某种能量滋养。不难发现，在单亲妈妈身边成长的女孩，往往更容易投入一个成熟的、能给予她安全感的男性的怀抱。这种情况多半不算恋爱，更像是在寻找一位"替代父亲"。

　　儿子与妈妈之间也是如此。但这种状态不会一直持续，当他们从父母身上获得一定的安全感并开始追求独立后，就会把兴趣转向同龄异性，寻找获得能量滋养的新机会。如果孩子长久地把异性家长作为自己的眷恋对象，久而久之，就会形成心理学上的恋父情结、恋母情结，导致性心理发育的滞后或扭曲。这样的孩子在成年后，可能难以走入同辈异性群体，从而在恋爱、择偶过程中遇到障碍。因为他们潜意识中存留着对异性长辈的情感，很难接纳与他们年龄相近的异性。

要知道，青春期的少男少女，在不久的将来都要去恋爱、择偶、建立婚姻关系。他们谈婚论嫁的知识、智慧、能力、技巧，需要学习和训练。从这个角度来说，少男少女的交往并不应该叫"早恋"，而应该叫"早练"，即必要的恋前准备、婚前训练。这是少男少女的需求，也是他们的权利。家长对此的恰当理解和支持态度至关重要。

引领孩子度过情感懵懂期

人们常说，家庭为青春的生命插上翅膀，父母为放飞的孩子保驾护航。这句话值得父母认真领悟和实践。

通常来说，孩子在升入初二后，就到了情窦初开的阶段，也叫"青春旺盛期"。在这个时期，孩子需要了解青春期情感发育的奥秘，知晓如何迈上情感之旅。家长有必要与孩子讨论异性友情，让他们懂得：异性之间，无论是愉悦身心的交往、有助于摆脱青春烦恼的交往，还是有利于促进自尊心与自信心成长的交往，都可能建立某种程度的青春友谊。这种友谊是开放的、无须保密的。孩子不需要为此遮遮掩掩，家长也不必太过担忧。

那么，如果孩子与异性朋友的关系从友情发展到爱情，家长又该如何应对呢？

这时，家长就得勇敢地与孩子谈论关于"爱情"的话题了。一方面，家长至少要让孩子明白，爱情需要个人的成熟、情感的专一以及一些必要的素养。当你对一个人说"我爱你"时，就意味着你决心要保护、珍惜、不伤害也不允许别人伤害你爱的人；这还意味着一种初心，那就是让自己变得更优秀，值得对方爱恋，同时希望对方变得更优秀，让彼此都坚守住这份爱。当孩子有了这种认知、信念和觉悟时，爱情于他们就不是一般情感了，它会成为促进相爱双方积极上进和健康成长的一种特殊力量。如果你的孩子有了这样的爱情，难道不值得祝福吗？

另一方面，家长还必须提醒孩子，"我爱你"不在于口头，而在于行动。那些一边说着"我爱你"一边逃学、旷课甚至过早尝试性行为的"爱情"，根本就不是爱情，而是伤害，更是对爱情的践踏。只有建立在互相保护、互相珍惜、彼此激励、共同成长基础上的爱，才可以称之为真爱。爱情不仅是一种美好的愿景和感受，更是一种需要付出艰辛和承担责任的决心与行动。这样的爱情，即使没有进行到底，何尝不是人生路上一笔宝贵的心理财富？

帮助孩子走出失恋的阴影

　　大部分人的初恋难有结果。有些人在初恋中投入的情感太多，一旦恋爱对象突然撤离，就可能产生强烈的负面情绪，如愤怒、仇恨，甚至是想要毁灭对方；一旦这种情绪转向自己，又可能发生自毁的悲剧。

　　每个人都有求索爱情的可能和需求，但也有可能遭遇失恋。如果你的孩子是被分手的一方，并因此陷入深深的痛苦之中，这时家庭的温暖和父母的安抚就特别重要。父母可以用自己的经历告诉孩子，古今中外，"有情人难成眷属"的故事屡见不鲜，初恋的对象没能成为终身伴侣的情况也经常发生。一方或双方觉得不适合而分手，这不是谁的过错，也谈不上失败。适时放手，反而给予了彼此重新选择的机会。但是失恋后的沮丧心情难以避免。这时，亲朋好友的劝慰能有效地帮助失恋者摆脱痛苦。如果孩子长久地深陷痛不欲生的泥潭，就需要专业心理治疗师的帮助了。父母、亲人、朋友应当密切关注身边的失恋者，尽一切努力帮助他们早日走出失恋的阴霾。

性健康教育对孩子很重要

我曾经在加州大学洛杉矶分校做访问学者，其间住在一户美国人家里。有一天，我从学校回到住所，看到他们家餐桌上摆了个大蛋糕，上面插着一支蜡烛，他们家的女儿穿着漂亮的衣服，来宾们也在举杯庆贺。我好奇地凑到小姑娘的母亲身边，悄声问："你女儿不是上个月刚过完生日吗？怎么又过生日啦？"母亲带着骄傲的神情小声道："我女儿昨晚月经初潮，从今天开始就是少女啦！"

我没想到，这件事对他们来说竟如此重要。原来，那家人把女孩踏上青春之旅当成其生命中一个重要的里程碑，甚至还特意庆祝一番。

不管是女孩还是男孩，当他们迈入青春的门坎时，择机举办一个隆重的仪式，并对他们进行性健康、性安全教育，确实是很重要、很值得的一件事。女孩月经初潮，男孩开始遗精，标志着他们已向成人之路迈进。妈妈应该与女儿进行"闺密"之间的交谈，说说女人那些事；爸爸应该和儿子进行"男子汉"之间的对话，聊聊男人那些事。青春期少男少女，必须先从父母那里知晓生命孕育和诞生的奥秘，明白与异性同学接触和交往的礼貌分寸和安全底线，才能在与异性相处时做到知情选择、适可而止。

在这方面，我有四点建议分享给家长。

选好进行性教育的时机和方式

举个例子，一位妈妈在一天早晨在叫 11 岁的儿子起床时，发现儿子在床单上遗精了。这位妈妈不但没有借此对慌乱中的儿子进行正确的解释和安抚，反而说了一句："真不要脸，这么小就想讨老婆啦？"儿子站在床边羞愧得无地自容。之后，他开始失眠，总担心又梦遗，上课也无精打采，甚至还故意逃避女老师的课。

妈妈发现后，就带儿子去医院检查。精神科专家认为，这个孩子患上了轻度青春型精神分裂症，原因就是妈妈那番羞辱的话语对他产生了强烈的精神刺激，让他留下了挥之不去的心理阴影。

面对孩子青春期的生理变化和心理感受，父母该怎样应对真的是一门学问。要想正确引领孩子度过青春期，父母就需要学习相关知识。只有父母学习了青春期的知识，更新了自己的观念，并与孩子建立起朋友式的关系，坦诚地与孩子谈论青春期的问题，孩子才会与父母拉近距离，心悦诚服地接受父母的建议与忠告。

指导孩子把握性表达方式与行为界限

人们习惯于把性行为跟性关系混为一谈，在性科学的讨论中，两者并不是一回事。孩子进入青春期后，会不由自主地关注身边的异性同学和异性老师，或出现性幻想，或对某个异性产生暗恋、单相思等情感萌动，这些都是这个阶段的正常现象。在接下来的发育阶段，孩子可能表现出一些具体的行为，如与异性打电话、发微信、写情书、送生日卡等，表达自己对异性的关心、爱慕等情感，或者约异性同学一起上学、放学、参观展览、看电影、逛商场、逛公园等，选择的地点多是公共场所，家长不必过度担忧，更不应该阻止。

在与性有关的行为中，值得讨论的是男女之间的拥抱、接吻等边缘性行为。这类行为可能与爱情有关，也可能与爱情毫无关系。比如有位小学班主任就曾跟我说，他班里有个小男生，放学时与一位女生一起回家，在胡同里拐弯时男生一时冲动，亲了女生一口，然后扭头跑掉了。第二天女生向班主任告状，班主任并未做出过度反应，只是劝慰女生不必记恨，并私下批评了男生，让他尽快向女生道歉，并保证下不为例。因为班主任明白，这种行为与爱情无关，只是一种性的欲望和冲动，无须做出过多反应。

家长应当从小向孩子说明：每个人都有保护自己身体的权利，未经自己的允许别人不得触碰，同时，我们也不应该擅自触碰别人的身体。

至于恋人之间的拥抱亲吻，是顺理成章的事情，家长无须过多焦虑。但也需要让孩子明白，边缘性行为与性行为只有一步之遥，如果没有采取安全措施，女孩可能会意外怀孕。青春期的男孩女孩一般都未做好结婚生育的准备，意外怀孕无疑会给双方都带来难以承担的后果。

青春期的孩子在有身体接触、产生一定刺激性的情况下，可能会控制不住一时的性冲动，发生下一步"险情"。面对这类情况，家长该怎样引导孩子，从而避免"险情"的发生呢？

这里用一个案例为家长解答这个问题。

有一位很优秀的男老师，和同学们分享过他青春期的一件往事。他上高中时，喜欢上了班里一位女生，觉得女生对他也有好感。有一天，女生邀请他去参加她的生日派对。他故意提前去了女生家，趁其他同学还未到来，两人就坐在女生的卧室里聊天，身体靠得很近。他很快觉得自己心跳在加速，竟不由自主地把手搭在了女生的腰上。他说，当时很想搂住女生，亲她一口，让女生知道自己对她的爱慕。但就在这时，女生突然站了起来，对他说："等一会儿，我去给你倒杯水哈！"女生慌忙跑去了客厅。女生的父亲在隔壁听到杯子碰撞的声响，就出来跟他打招呼了。男生瞬间冷静了下来，并且感到有些羞愧。

那位男老师说，他之后非常感谢女生的机智，使他避免了一次鲁莽和尴尬，保护了他的自尊，也维护了他们之间的友谊。

这件事对家长的启发是：要告诉孩子，在异性身边出现本能的冲动不是过错，但当自己或对方发生冲动时，为避免意外，要勇于与对方拉开距离，改变一下场景，本能的冲动便会自然平息。

不赞成未成年人发生性关系

不管是学校还是家庭，在孩子未满 18 周岁时，都应该明确表示不赞成孩子与他人发生性关系。这不仅因为孩子的思想还不成熟，更因为孩子尚无能力承担由此带来的各种后果。

不过，很多家长苦于不知该如何向孩子坦言此事。这里我分享三个建议。

第一，鼓励孩子多参加有异性在场的群体活动。通过异性间公开的交往和活动，如跳舞、唱歌、比赛等，放松神经，缓解因性发育带来的压力和冲动。

第二，可以暗示孩子通过适当自慰的方式释放性能量。对青春期的孩子来说，适当而卫生的自慰不但无损健康，还能让他们获得一定程度的性愉悦。

第三，引导孩子把注意力放在一些富有创造性或他感兴趣的事情上，缓解荷尔蒙带来的困扰。

给孩子适当讲解避孕知识

我们当然希望青春期的孩子能保护好自己，不过早发生性行为，但如今，少男少女未能把持住界限而发生意外的情况并不少见。

面对现实的风险，家长还得让孩子了解一些关于避孕和紧急避孕的知识，如安全套的使用方法、紧急避孕的措施等。性安全和性健康知识的传授要把握适时、适度、适当的原则。

适时，是看孩子到了什么年纪，处于什么样的发育状况。如果孩子已经进入青春期，女孩有了月经，男孩也出现了性征，这时就要给孩子讲一讲性激素的奥秘和生理卫生知识了。

适度，是讲到什么程度，可以根据孩子的发育状况和言谈举止来把握。

适当，是用什么样的方式讲。可以根据孩子的性格、亲子之间常用的沟通方式等选择口头表达，或是通过线上聊天等方式向孩子传递知识和信息。

对于孩子的性教育问题，家长在任何时候都不能掩耳盗铃，也不要抱有侥幸心理，觉得孩子还小，什么都不懂，或是以后学校会教的。家长要主动承担起青春期性教育的责任，防患于未然。如果等到孩子出了问题再去慌忙处理，那就是亡羊补牢了。

与孩子共同解读生命价值

伴随青春期的到来，性的困顿与生命的困顿可能成为孩子的双重压力。关于帮助孩子解除性的困顿，前面已谈得不少了。而生命困顿，是又一个复杂且重要的问题。现实生活中，青年人践踏生命、轻贱生命甚至毁灭生命的行为屡有发生，其中既包括对自己生命的漠视，也包括对他人生命的践踏。因此，生命教育作为青春期教育的有机组成部分，在家庭教育和学校教育中都不可缺失。

解析生命的二维四重价值

从哲学上来说，生命具有两个维度四重价值。

两个维度：一是物质肉体的存在维度，二是社会与人际生命的维度。

在这两个维度的基础上，接着解析生命的四重价值。

第一重价值：物质价值。也就是我们看得见的肉体生命价值。

第二重价值：血缘亲缘价值。生命不单是属于个人的，还是父精母血造就的血缘、亲缘关系，因此一个人是有传承的使命、义务和责任的。

第三重价值：社会人际价值。一个人从出生到长大，不仅需要父母的养育和奉献，还需要各种社会资源的供给和投入，如老师的教导、同学的帮助、朋友的陪伴等。这些社会资源凝聚在个人的生命中，成为宝贵的财富，任何人都没有摧毁的权利，同时还有义务感恩和回报。

第四重价值：精神价值。这是指一个人一生中所经历的人和事，以及对社会、对他人所做出的贡献，会永久存留在时代的记录中，不会因个体生命的损毁而消逝。

由此可以看出，生命是你的，但也不完全是你的，它有着丰富的内含和宝贵的价值。因此，教育孩子尊重生命、珍惜生命、呵护生命，是家长义不容辞的责任，并且越早进行越好。

在认识生命价值的基础上，家长应该帮助孩子理解生活、生命的不同需求，懂得健康与完满人生的要义。

人们往往把生活与生命、人生混为一谈，其实这三个词含义各不相同。

生活即是当下的片段经历和感受，是现在进行时；生命却是一个连贯的长流，包含过去、现在和未来；而人生，是生活加生命的完整过程。

常有人混淆生活与生命的分量，把生活不能承受之重当成了生命不能承受之重，不相信生命的阳光终会驱散眼前的阴霾，甚至急于以结束生命的方式来应对生活的挫折。这就是对生命的误解和轻贱。

我举过一个例子：某大学的一位新生，家里经济条件不好，以前为了让他好好读书，父母省吃俭用，每天变着花样为他做可口的饭菜，让他的身体获得足够的营养，能够专心备考。他也很争气，考上了一所好大学。但上大学之后，他觉得大学食堂的饭菜远不如父母做的可口，就给父母打电话抱怨，说自己每天吃不好，学习压力又大，非常痛苦。父母心疼孩子，决定到他上学的城市租房子每天给他做饭吃。但是，父母还没来得及把这个决定告诉他，他就因为饭菜不合口、学业负担重等问题，选择了跳楼自杀。当父母千里迢迢地赶到学校时，孩子却已经不在人世。

这是一件非常令人痛心的事。同时提醒家长，成功的生命教育才能帮助孩子勇敢地面对生活中的挫折坎坷，努力克服生活中的艰难困苦，要让孩子通过不断追求生命中的长远幸福而完满自己的人生。

如今，在物质主义、享乐主义价值观的影响下，越来越多的孩子沉溺于追求当下的快乐，比如玩游戏上瘾，甚至有人还去尝试毒品、赌博，以此追求短暂的刺激与快感，结果毁掉了生命长久的幸福。

孩子进入青春期后，如果对生活与生命缺乏基本认知，也可能只追求当下的快感而不顾生命的长远幸福，选择今朝有酒今朝醉的生活，轻率地对待两性关系，到头来不仅葬送了自己的生命幸福，也造成了别人的痛苦。

生命哲学家郑晓江教授曾经把生命比喻成一棵树。他说，生活就是这棵树上开的花，花开花落几春秋，但是，这棵树不会因为秋天落叶而死亡，来年树上的鲜花会重新绽放。花是生活，树是生命，永远不要因为花败叶落而铲除这棵生命之树，而要继续保护它，珍惜它，期待它来年开出更加鲜艳的花朵，结出更丰硕的果实。

如果孩子懂得了这个道理，就不会走上轻贱生命和毁灭生命的迷途，也就能真正收获有价值、有意义的人生。

第四章

幸福能力，
一生的追求

锻炼孩子一切能力的根源，在于我们希望孩子能度过幸福的一生。幸福不会从天而降，它需要我们有足够的期待与准备，培养幸福感，并且接住它。

　　本章将从品格优势和幸福方法两个方面，帮助孩子形成积极品格这一幸福底色，培养孩子对快乐的感知，用幸福的心态过好未来的生活。

第 1 节　品格优势

彭凯平解读《孩子的品格》

前年秋天的一个深夜，我接到学校老师的电话，他焦急地告诉我，有个学生刚刚企图自杀，幸好被同学及时发现并制止了。我急忙赶到学校，见到了这个学生，想了解他到底遇到了什么事，要走到自杀这一步。这个孩子告诉我，他一直想做个好孩子，听妈妈的话，努力学习，现在终于考上了清华大学，但他并不喜欢妈妈让他选的专业，在学习中越学越苦闷、越失望，最后实在熬不下去，再也不想做自己不喜欢的事了，就想永远摆脱外力强加给他的所谓"理想"。

我听后心里很难过，如果他的父母知道这个原因导致孩子轻生，不知会作何感想，而不久后，我就见到了他的妈妈，这位母亲不但没有认识到自己的问题，反而义正词严地说："教育难道不就是要培养孩子的各项学习技能，考上好大学，找到好工作吗？"她知道我是做积极心理学研究的，更是嗤之以鼻，甚至认为我提倡的积极教育就是让孩子傻乐，将来一事无成。

这件事让我至今记忆犹新，也让我看到了当下教育的问题。有多少孩子，做的都是父母让他们做的事，学的是父母看好的专业，却几乎从没想过自己要的生活是什么样的。在很多家长的教育观念中，不管外界如何变化，学习都是最重要的，至于孩子怎么想、快乐不快乐、性格会怎么样，都不如学习重要。

可是，为什么家长倾尽全力培养起来的孩子，发展却不尽如人意？为什么教育不能让孩子更积极、更快乐、更幸福呢？

随着积极心理学的发展，积极教育逐渐引起了人们的重视。它是将传统教育与积极心理学相结合，强调孩子在学习专业知识的同时，也应该学习提高幸福能力的方法，培养健康、积极的品格，包括情绪力、抗逆力、自控力，以及自信、勇气、善良等一系列与善意、高尚品格相关的要素。从孩子的个人成长及未来发展来说，积极品格往往比学习能力更值得被认真对待，因为这关乎孩子的一生，是孩子一生幸福的底色。

那么，我们要怎样运用积极心理学知识，才能培养出孩子的以上这些品格呢？在《孩子的品格》一书中，我就结合积极心理学知识，运用实用理论与实践方法，从六个方面为家长介绍了培养孩子积极品格的方法。掌握这些方法，既能帮助我们成为积极的父母，又能帮助孩子养成积极的品格，获得幸福的能力，成为真正拥有美好未来的孩子。

情绪力：积极情绪使孩子更幸福

很多人有一个错误的观念，认为情绪是一种自发的、被动的、不可控的主观反应或主观感觉。其实不然。情绪是理智的一种反映，从某种程度上说，情绪和理智是密不可分的。我们以前认为人的大脑左右两个半球分工明显，甚至有人会说某个人"智商高，情商低"，或者"情商高，智商低"。实际上，情商和智商是相辅相成的，情绪也是智力的一种。

既然如此，我们就可以通过自己的主观意识和认知来改变和锻炼情绪力，同时也可以帮助和引导孩子学会管理自己的情绪，成为情绪的掌控者。有研究表明，情绪力发育良好的孩子，主动适应环境变化的能力更强，智力与品质发展也更好，并且能够以更积极的情绪来应对人生中的各种不确定性。

书中跟大家分享了一个"五施"原则，遵循"五施"原则，家长不但能有效地控制自己的消极情绪，还能引导孩子逐渐学会处理自己的负面情绪，激发积极情绪。

"五施"原则，有效激发积极情绪

"言施"原则。言施就是学会表达、沟通和交流。如果你留意一下就会发现，人们在聊到一些社会不公平事件时，会越聊越愤怒；相反，聊一些轻松快乐的话题时，会由衷地笑起来。这是因为人从来不是被动、抽象地理解一些话题和概念的，而是带着身心体验进行的。

在与孩子沟通时，如果我们多用一些积极、乐观、具有正能量的话语，就会激发孩子的积极情绪，并让孩子感到轻松和快乐。哪怕是面对不好的事情，如果我们引导孩子看到积极的一面，也能从一定程度上缓解孩子的消极情绪，让他们的心态变得积极起来。

"身施"原则。身施是指通过触摸、接触自己的身体，让自己产生幸福感。比如，我们手上最敏感的触觉区是手心，不断拍手，碰撞手掌心，就会产生快乐的情绪反应。当孩子情绪不佳时，我们也可以握住孩子的手，抚摸孩子的头，或是拥抱孩子，这些方式都能很好地缓解孩子的情绪，促进积极情绪的产生。

"眼施"原则。眼施是用眼睛来观察生活中的变化，多发现美好的事物。当孩子不开心时，我们可以带孩子到外面看看大自然，欣赏一下周围的美景，这样孩子的情绪就能有所缓解，而在孩子遇到困难和挫折，或是做错事后，我们也要引导孩子多看到事情中积极的方面，这不但能激发孩子的积极情绪，还能让孩子养成乐观、自信的心态。

"颜施"原则。颜施主要是指我们的面部表情，尤其是笑容。如果我们经常跟孩子进行愉快的互动，把自己愉快的情绪和笑容展现给孩子，就能对孩子的情绪发展起到重要的促进作用。

"心施"原则。心施就是用心去感受。很多时候，繁忙的生活让我们疏于培养内心的感受力，导致心灵枯竭，而心施就是用心去感受、去体会世界的美好。培养孩子内心的感受力，对孩子控制消极情绪，启发积极情绪大有帮助。

"五施"原则提醒我们，要激发孩子的积极情绪，让孩子感受到幸福，方法是有很多的。只要我们善于引导孩子去探索和发现生活的美好，多关注积极正面的事物，多培养孩子感受情绪的能力，孩子就能逐渐变得积极、乐观起来。

一般来说，孩子在 5 岁左右就有了自我控制能力，能开始有意识地控制自己的言行。所以，家长应该在孩子 5 岁左右就有意识地对孩子进行情绪教育。但是，很多家长的做法是错误的，比如孩子一哭闹，就立刻对孩子大吼大叫，试图强硬地阻止孩子哭闹，或者干脆冷处理，不理孩子。这些做法都很难培养起孩子正确处理消极情绪的能力。所以，书中除了跟家长分享"五施"原则，帮助孩子建立积极情绪外，还给出了帮助孩子处理消极情绪的有效方法。

"两步走"，引导孩子处理消极情绪

第一步，引导孩子正视自己的情绪。

举个例子，有一次，我的一位亲戚带着她 5 岁的儿子到我家做客，小男孩活泼好动，结果不小心磕到书柜角上，哭了起来。他妈妈见了，立刻大声呵斥孩子，孩子吓得硬是把眼泪憋了回去。我当即制止了亲戚的行为，然后走过去摸着小男孩的头说："刚刚磕疼了，你很难过是吗？"他点点头。我又说："难过是正常的，如果我磕疼了，也会难过，所以你哭并没有错。"孩子听我这么说，一下子又哭了起来，但不一会儿就又开开心心地去玩了。

孩子与成人一样，也有情绪低落的时候，需要调节和发泄。因此，当孩子出现坏情绪时，我们要理解孩子，让他明白，有情绪是正常的，是可以接受的。只有孩子先从内心正视自己的消极情绪，以后类似情绪再出现时，他才能心平气和地面对。

第二步，教孩子学会正确表达情绪。

孩子年纪小，遇到问题不能正确表达情绪，发怒、哭闹等就是他们最直接的表达方式，但我们不能任由孩子一有消极情绪就通过这些方式表达，要教孩子学会正确的表达方法。比如，孩子发火时，你就告诉他："你感到不高兴时，可以说出来。"

要注意的是，在教孩子表达情绪时，你的情绪一定要是平和的，不要带着比孩子还糟糕的情绪指责他，或用带有倾向性的批评催促他，如"你哭什么？有事就不能说出来吗？""你不说，我怎么知道你怎么了？"等，这些话语只会加重孩子的消极情绪。

自我效能感：自信的孩子更快乐

1977 年，美国著名心理学家阿尔伯特·班杜拉提出：每个人都有对自己完成某个方面的能力的主观评估，这就是我们的自我效能感。换句话说，班杜拉理论的意思就是要相信自己，认定"天生我材必有用"，这对一个人成功完成一件事的帮助是非常大的。它主要通过两条途径来实现：一个是结果预期，即相信自己，认为自己"可以做到"；另一个是效能预期，即认为"我能做到不是因为运气好或环境好，而是因为我有能力"，因此"我要施展自己的能力，为结果做足准备"。

大量的心理学实验表明，自我效能感会直接影响一个人的行为动机。一个人在某方面的自我效能感越强，预测到成功的可能性越大，他就越会努力去尝试，而新活动持续时间也越久，最终效果也会越好。

书中举了一个"戒烟"的例子，结果显示，那些被实验者强化了自我效能的人，戒烟的毅力和自我控制力更强；相反，没有被强化自我效能的人，戒烟效果就很差。由此也可以看出，自我效能感其实就是对自己进行"我能做到"的暗示，以此激发内在潜能，使其在要完成的任务或目标中发挥重要作用。

那么，我们怎样判断孩子的自我效能感高还是低呢？我们可以在不经意间询问孩子一些问题，比如：

- 如果让你去尽力做一件事，你是不是觉得最后一定能完成？

- 即使别人反对，你是不是也有办法得到你想要的东西？
- 对你来说，坚持理想和达成目标是不是一件特别难的事？
- 你能冷静地面对困难，是因为相信自己有处理问题的能力吗？
- 面对一个难题时，你是不是经常能找到几个解决办法？

这些问题听起来很抽象，但孩子是能够理解并做出回答的。通过孩子的回答，你就能了解孩子是不是具有较高的自我效能感。当然，如果你发现孩子的自我效能感偏低也没关系，因为影响一个人自我效能感的因素很多。

影响孩子自我效能感的主要因素

1. 孩子以前的成功或失败经历。如果孩子过去有很多成功经历，那么孩子就会在成功反馈的积累过程中变得自信，自我效能感也更高。不过，即使孩子经历过一些失败，如果他能从周围获得积极正向的反馈，那么他也会将这些失败原因归咎于自己没能正常发挥水平，而不是自己能力不够，这样就算孩子遭遇了失败，他的效能感也不会降低。

2. 替代性经验或榜样的影响。一些成绩中等的孩子，如果经常与学习优秀的孩子仅在"成绩优秀不优秀"这个范畴内做比较，可能就会觉得自己样样不如别人，怎么努力都没用，结果越比越没信心，但如果你能引导他们把这种比较转化为对自己阶段性的客观认识，为自己需要改善的内容提供参照，并与其之后的目标有效连接，这种比较就会成为激励孩子的一种动力，从而激励孩子不断突破自己。这种个人进步也会让孩子获得成功体验，增强自我效能感。

3. 他人的评价。孩子在成长过程中，如果经常受到老师、家长或周围人的关心、欣赏和重视，听到肯定、赞美、鼓励的言辞，同样比较容易获得自我效能感。

4. 合适的情绪唤醒。情绪唤醒是指关注孩子的身体状况和情绪变化，当孩子感到不舒服、情绪不佳时，要及时让孩子休息，尊重孩子身体的节律。因为人在身体不适、情绪不佳时，自信心也会随之降低，自我效能感也会下降。只有当身体状况和精神状况都很好时，孩子才会有更强的自信和动力。

5. 熟悉的环境条件。一旦孩子进入一个陌生或会引发焦虑、恐惧的环境，其自我效能感就会降低，这也是为什么在一些重大考试前，老师会安排学生提前熟悉考点的原因，这样做的目的就是缓解孩子紧张、焦虑的情绪，提升他们的自我效能感。

了解了以上几个影响孩子自我效能感的主要因素，我们就可以在生活中采取科学的方法来提升孩子的自我效能。科学研究发现，那些具有成长型思维的孩子，往往更喜欢积极地应付挑战，能从各种错误中吸取经验，寻求突破，所以他们的自我效能感也更高，对自己、对未来也都充满信心，也更容易获得幸福。这就提醒我们，可以通过培养孩子的成长型思维来提升孩子的自我效能。

培养孩子的成长型思维

关于如何培养孩子的成长型思维，我在这里分享三种方法。

第一，要允许孩子犯错，鼓励孩子从失败中获得成长。错误和失败是孩子绝佳的学习和成长机会，我们不但不应该责备孩子的错误和失败，而且应该理解和允许，并鼓励孩子多多尝试，不断打破思维限制，通过探索去寻找解决问题的有效方法，一步步深入思考，让自己变得强大起来。这样，孩子以后在面对问题和困难时，也会凭借自己强大的自我效能感，更加积极、主动地去思考和解决。

第二，引导孩子对问题合理归因。具有成长型思维的孩子，即使遭遇失败、挫折，也会把它们归因于暂时的、特定的因素，并认为这些挫折、失败都是暂时的。这类孩子会很乐观，也有勇气尝试摆脱困境，解决问题。所以，家长要引导孩子合理地对问题进行归因，告诉孩子"虽然你现在没有做好，但这只是暂时的。通过努力，你一定能够达成目标"，不要让孩子产生"我就是不行"的念头。

第三，学会改变自己的想法和言语。你要告诉孩子，他不需要按照别人的想法和要求生活，他要学会独立思考和行动。如果孩子的某些想法太消极，或者受到了别人的消极影响，那么思考的结果也可能是消极的，这时就要鼓励孩子换种思路，想想会不会有其他不同的结果。也就是说，你要鼓励和引导孩子成为自己的思想和行动的判断者和指引者。另外，凡是孩子自己思考后产生的想法和行动，你都要尽量鼓励和支持，而不是急着评价和否定。即使感觉孩子的想法和行动不合理，也要耐心去引导。

　　家长对孩子的教育，从来都不是简单地灌输书本上的知识，而是要扩大孩子内心的疆界，扩展孩子的综合认知，激发孩子对世界的好奇和探索之心，并从中进行自我发现、自我探索和自我实现。积极心理学的原则就是不断带着爱心去探索和观察孩子，不断培养孩子的成长型思维。比如，我们对待孩子要用接纳代替评价，用同理代替鄙视，用爱代替恨；我们要鼓励孩子不要降低自己的道德标准，不要看不起自己，要善于发现自己的天赋优势等。当孩子养成这些习惯，以心中的高标准来要求自己时，他们就能真正建立起成长型思维，获得强大的自我效能感。

自控力：让孩子心理适应力更强

　　对于很多孩子来说，理性地控制自己只是一时的行为，失控才是经常出现的状况。心理学研究发现，一个童年时自我控制能力强的孩子，学业成绩会更好，心理适应能力会更强，自尊心会更突出，人际关系也会更和谐。长大后，他们的人生整体幸福感也会更高。所以，培养孩子的自我控制能力对孩子的成长和未来发展至关重要。

然而很多家长发现，孩子很难控制自己的行为、注意力、情绪等。我自己有两个孩子，他们小时候就有学习开小差、注意力不集中、看电视停不下来等情况。从心理学的角度来说，孩子有这些表现都是因为缺乏必要的自我控制能力。自控力强的孩子，往往能将注意力集中在要做的重要事情上，比如读书时能专心致志，看电视时能到了约定时间就关掉，相反，自控力较差的孩子可能就会在学习、做事时状况百出，必须经过家长的引导甚至约束，才能保持专注。

斯坦福大学心理学教授沃尔特·米歇尔为了研究孩子的自控能力，曾针对4~6岁的孩子做了一个"延迟满足实验"。实验结果显示，5岁左右的孩子就已经有了一定的自控能力，可以耐心地度过延迟时间，最终拿到自己想要的东西。所以，从孩子5岁开始，我们就应该有意识地培养和锻炼孩子的自控能力。

不过，锻炼孩子的自控力并不是强迫孩子做什么事或不做什么事，比如有些家长害怕孩子玩手机、玩游戏上瘾，就干脆一次也不让孩子接触手机或游戏，殊不知，我们大人都控制不住要玩手机、玩游戏，怎么能要求孩子完全控制住自己不玩手机、不玩游戏呢？

所以，要培养孩子的自控力，就要帮助孩子养成好习惯，让孩子把对自己有益的事情坚持下来，而不是简单、粗暴地强迫孩子控制自己。这才是提高孩子自控力的有效方法。

用好习惯替代自控力

科学研究发现，习惯对于大脑的作用过程相当于一个由三步组成的回路。

第一步，当我们要做某件事时，我们所坚持的习惯会发生暗示，促使大脑进入某种自动行为模式，并决定采用哪种习惯的模式。

第二步，习惯会让大脑形成惯性思维，这种思维可以是在身体上，也可以是在情绪上。

第三步，习惯带来的"轻松完成"的益处，能让大脑迅速识别并记下这个回路，以备以后使用。

例如，上午最后一节课的下课铃声响起时，学生小明的第一个反应就是冲出教室，奔向食堂，去买他最爱吃的红烧肉。这时，下课铃声就是发出暗示的"导火索"，由此引发的惯性行为就是小明冲出教室、奔向食堂，而得到的益处就是能吃到红烧肉。由于小明每次都这样做，久而久之地便形成了一种不需要思考就能行动的习惯。

我们也可以利用积极心理学的方法，帮助孩子在学习和生活中养成好习惯，具体方法有五点。

第一点，设定小而具体的目标。在给孩子设定目标时，要把目标具体化到可以操作、可以观察和验证、可以形成习惯的行动的程度。比如，可以和孩子说你希望他每天跳绳 300 下，这样孩子会更有目标感，执行时也会不断鼓励自己完成任务。

第二点，帮孩子制订行动计划表。计划表要列出孩子每天什么时间写作业、什么时间看电视、什么时间进行户外活动等。为了强化孩子的主动性，最好让孩子自己写下每天需要完成的任务，然后按照计划表一步步实施，让任务变得切实可行。

第三点，努力帮孩子排除外界干扰。比如，在孩子学习时，你需要关掉电视，把手机调成静音，不让这些干扰孩子，让孩子能够专注于眼前的事。

第四点，找到行动的支持者。孩子做事容易只有三分钟热度，为了让孩子坚持下来，你可以找孩子班上的同学、好朋友、小区中同龄的孩子等，让他们成为孩子行动的支持者，请他们支持和鼓励孩子战胜困难，完成行动计划。

第五点，设定视觉化的奖励模式，加速孩子的习惯养成。比如，你可以在墙上贴一些进度小海报，孩子每完成一个计划，就在上面贴一面小红旗，连续完成一段时间后，就给予孩子一个他期望的奖励，如看一场电影、吃一顿美食等。这种视觉化的奖励模式会极大地强化孩子完成计划的动力和意志力。

在孩子养成一些好习惯后，你会发现，当他再去做一些以前不能专注的事情时，就会在习惯的影响下完成得很好，自控力也有所提高。

　　除了以上方法外，培养孩子做事时的专注能力也能在一定程度上提升孩子的自控力。一个专注力强的孩子，不但在各种情况下都能很好地发挥自己的潜力，把事情做到最好，还能在面对困难时很好地控制自己的情绪，专注于解决当下的问题，更加积极、乐观地面对困难。

提升专注力的"SMART 原则"

　　关于如何提升专注力，我曾介绍过很多方法，这里主要介绍一种帮助孩子专注于目标的"SMART 原则"。

　　"SMART 原则"最早用于企业管理，但在积极教育领域，它对孩子设立目标、提升专注力同样大有帮助。"SMART"由 5 个英文单词的首字母组成，包括具体的（Specific）、可衡量的（Measurable）、可实现的（Attainable）、相关的（Relevant）和有期限的（Time-bound）。

　　具体的。它是指给孩子设立的目标必须具体可行，比如你在帮孩子设立学习目标时，要把大目标拆解成一个个具体的小目标，并且这个小目标得是孩子努力一下就能实现的。当孩子能专注于这些小而具体的目标时，他们的专注力和自控力就会一步步地得到提升。

　　可衡量的。给孩子设立的目标不但要具体可行，还要可以衡量，这样孩子才能知道自己努力后到底有没有达到目标。比如，在期末考试时，让孩子的单科分数提升 5 分；练习跑步时，让孩子一个月后的跑步时间从现在的 30 分钟增加至 1 小时等。

可实现的。为孩子设立的目标不能太高或太低，否则就失去了意义。所以在帮助孩子设立目标时，一定要让孩子思考一下，这个目标他是否真的能够达到。只有孩子坚信自己可以达到某个目标，他在实现目标的过程中才会更加专注、用心，也才能更好地控制自己的情绪，抵御外界的干扰和诱惑。

相关的。孩子的某个目标要与其他目标相关联，否则目标就容易出现偏差。比如，孩子正在准备英语的单元测试，把复习英语课文设立为其中的一个小目标，但在复习过程中，他一直在关注课文内容，没有深入复习课文中的生词和语法，这就是一种目标上的偏差。所以我们要提醒孩子，在完成某个目标时，一定不要忘记将它与其他目标相互关联。如果孩子这样做了，他就一定会专注于目标中的学习内容。

有期限的。目标的完成要有截止日期，也就是孩子要在一个自己设定的时间内完成相应目标。之所以这样做，是因为人都有拖延的习惯，如果不设定时限，孩子就容易拖拉，控制不住自己，导致目标完成滞后。当目标有了时限性后，孩子不但会合理分配自己的时间和精力，还会控制自己不拖拉、不偷懒，专心致志完成当前的目标。

实际上，不同年龄段的孩子，注意力一次性集中的时间也是不同的。一般小学一二年级的孩子，注意力一次性集中的时间大约在

10~20 分钟；三四年级的孩子能坚持 30 分钟左右；到了五六年级后，孩子注意力一次性集中的时间才能增加到 40 分钟以上。我们在培养孩子的自控力和专注力时，强迫孩子一次性集中精力很长时间显然是不现实的。与其每次等着孩子自己失去自控力，走神，倒不如有意识地"帮助"孩子的思维开点儿小差。

比如，在孩子学习或做某件事一段时间后，就可以提醒他暂停一下，思考一些与当前学习或任务无关的事，然后再回到之前的学习或任务中，这时孩子的效率往往比一直坚持做一件事更高。同样，如果你发现孩子在一个问题上冥思苦想很久，仍然找不到解决方法，也可以鼓励他停下来休息一下。

这种方式是有一定科学依据的，很多聪明人为了提升自己的自控力和专注力，会交替地做一些不同的事。比如数学家思考数学问题久了，就会让自己停下来，去听听音乐、锻炼锻炼身体，之后再继续思考之前的数学问题，这时效率就会大大提高。

天赋优势：增强孩子的自我价值感

每个孩子都有自己的天赋优势，但现实情况是，家长总喜欢放大孩子的"不足"，哪怕孩子已经很优秀，一旦做了一件让家长不满意、不喜欢的事，家长就会不断放大孩子的问题。这种教育方式最直接的影响，就是容易导致孩子产生自卑心理，丧失自我价值感。

曾经就有一位家长跟我交流，说自己的孩子不爱学习，天天去关注那些艺术、设计等"不务正业"的东西，问我有没有办法让孩子把心思放在学习上。我就问这位家长："为什么你认为孩子喜欢艺术、设计就是'不务正业'呢？"他说："小孩子不就应该好好学习吗？天天搞那些东西浪费时间，以后考不上大学，那些东西能顶饭吃吗？"

其实，孩子的天赋优势不仅指学习好，还包括各种兴趣、技能、能力、特点等，比如有好奇心、勇于创新、乐观坚毅、真诚善良等。但是，大部分家长只关注孩子学习成绩好不好、是不是听话、懂不懂礼貌等，忽略了孩子的个性优势，这就会错失帮助孩子利用自己的优势走向积极、乐观、坚韧和幸福的良机。

为了帮助家长弄清孩子的天赋，帮助孩子发挥自己的优势，书中结合积极心理学知识将孩子的行为分为四类。你可以针对孩子的具体表现，对孩子的行为进行分类，再有针对性地帮助孩子发挥优势，增强自我价值感。

天赋的四种类型

第一类，核心优势。这类优势指，孩子在这方面优于他人，相关领域能让孩子充满激情。比如，有的孩子平衡能力好，走平衡木比其他孩子强；有的孩子有音乐天赋，很小就能听懂曲调；前文案例中的孩子，就有一定的艺术天赋，可以设计很多美好的东西；还有的孩子很善良，富有同情心。这些都属于孩子的核心优势。

如果孩子在某个方面天赋颇高，并且孩子自己也想在这方面有所发展，那你只需要有针对性地进行培养就可以了。如果孩子的天赋是一些个性天赋，比如同情心、善良、乐观等，你就要鼓励孩子继续保持。

尤其是善良的特性，我在书中专门用一章的内容进行了讲述。从积极心理学角度来说，善良就是孩子未来真正的竞争优势，也是让孩子获得更多幸福感、更多认可和赞许的一种优秀品质。有越来越多的研究证实，那些表现出乐于助人品质的孩子，未来社会成就更高，也更受人尊敬，因为他们能更快速地融入工作环境之中，他们也更具有团队合作精神。在相似的家庭背景、智商水平等条件下，善良的孩子长大后会比其他条件类似的人更容易成功，也更容易获得幸福。

第二类，成长型优势。这些优势是指能让人满怀激情的优势，具体来说，孩子可能在某方面表现优异，但因为发挥这种优势的机会不多，我们发现不了，而一旦孩子有机会发展这种优势，就会大放异彩。

要发展孩子的成长型优势，你就要在平时多观察孩子，多看到孩子表现得比其他人或比他自己以前更好的地方，然后表达对孩子的欣赏之情，强化孩子展示自己才能的动力。

第三类，习得行为。天赋优势源于一个人的内在，习得行为则需要从外界引入。简单来说，习得行为并不是孩子本来就很喜欢或天生擅长的，是需要后天学习和掌握的技能。比如在学习中，孩子有自己喜欢和擅长的科目，也有自己不那么喜欢和擅长的，这就需要通过后天发展习得行为，获得全面发展。

对于习得行为，关键在于家长不断提醒和督促孩子，耐心帮助孩子培养这些新的能力。

第四类，当前劣势。当前劣势就是孩子目前做得不够好的方面，比如某些能力还比较弱、某些科目成绩不理想，或是性格中有某些弱点等。

面对孩子的这些劣势，你要做的不是揪住不放，试图通过打击的方式让孩子奋发起来，这是不科学的。你要引导孩子多看到自己身上好的一面，让孩子以积极乐观的态度面对学习和生活，从而充分发挥优势效应，弥补那些自己不擅长或不完美的地方。同时，你还要耐心引导孩子采取必要的措施改正错误，完善自己，或是利用优势效应，让孩子对那些原本不喜欢的事物产生兴趣，用优势来弥补劣势。

用"补强法则"培养更多优势

家长越擅长从孩子的优势出发，就越容易处理孩子的那些未能充分发挥优势或凸显劣势的问题，孩子也会在此过程中慢慢懂得，自己其实还有很多优势可以发挥，从而增强自信心和做事的动力。

既然如此，我们该怎样帮助孩子发挥优势，或者说该如何帮助孩子培养优势，使他们的优势进一步发展呢？这里提供两种方法。

第一，引导孩子讲"最好的我"的故事。通过让孩子不断演说、表达和介绍自己的优点，帮助孩子找到自身优势，同时对自己产生强烈的肯定和明确的认知。比如，你可以找个固定时间，让所有家庭成员坐在一起分享自己的优势，通过这种方法鼓励孩子展示自己，说出自己的优势故事。

第二，更换场景，帮孩子拓展自己的优势。比如，孩子的想象力、创造力比较丰富，那么在平时玩玩具时，你就可以引导孩子除模仿别人的玩法外，自己尝试创造一些新玩法。如果孩子的动手能力强，你就可以鼓励他除了玩自己的玩具外，还可以通过拆卸和重新拼装玩具，锻炼他的创造力。

通过这些方式，你能帮助孩子把自己现有的优势拓展到不同领域，从而强化他们的天赋优势，弥补自身一些不足的地方。

王者之力：孩子未来幸福的关键能力

最后，我要和大家分享，帮助孩子未来更好地适应社会、获得发展和收获幸福的能力如何培养。很多家长相信，孩子只要能干、有本事，未来就一定能发展得很好，生活得很幸福，但在未来的社会生活中，能被人喜爱才是一个人最重要的生活优势。我们发现，很多年轻人进入社会后，虽然有能力，但经常不被人喜欢，自己也感觉很糟糕，为什么？一个重要原因就在于他们不能理解别人的感情，也不能被别人欣赏，更不愿意跟别人合作，久而久之，他们就很难获得社会的支持、关怀和喜爱，幸福感也越来越低。

另外，随着人工智能的快速发展，未来会有越来越多的职业被人工智能取代。我们的孩子要想在未来生活得更好，就必须具备人工智能无法取代的能力。有哪些能力是人工智能无法取代的呢？

我在研究积极心理学的过程中，一直提倡"ACE+"理论，其中，"A"指的是单词 Aesthetic，即审美感；"C"指的是 Creative，即创造力；"E"指的是 Empathic，即同理心。这三个单词的首字母拼在一起，正好是一个英文单词 ACE，也就是"王牌、王者"的意思。"+"则代表以"ACE"为基础的人类其他品格优势和美德补充，如公正、谦卑、审慎、感恩等。我认为，这些能力和品质，就是未来的人工智能无法取代的，也是孩子获得幸福的关键。

审美感就是能看到别人看不到的东西，领悟别人领悟不到的东西，能欣赏自然、社会和人的真、善、美的能力。具有良好审美感的孩子，通常能对事物抱有强烈的好奇心，能发现和挖掘出自身更多的潜质和兴趣，也更能从这些美好的事物中体会到幸福。

　　创造力是人们在创造性解决问题过程中所表现出来的一种个性心理特质。具有创造力的孩子，可以运用一切自身所掌握的信息，用创造力思维解决问题。而未来孩子要体现自己的价值，也必须具备人工智能所不擅长的特质，创造力就是其一。

　　同理心就是能敏锐地感受并影响他人的感情，了解并理解他人的欲望和需求，并能够善待他人的能力。具有这种能力的孩子，不但更善于解决问题，表现出积极的社会行为，还能拥有良好的人际关系，获得他人的好感和信任，为自己的发展提供有效助力，同时也能增强自己的幸福感。

　　在《孩子的品格》一书中，我多次提到，孩子未来必须具备与他人交往、交流和交换的能力，要培养孩子的这些能力，就要让他们保持积极、阳光、美好、善良的心态，具备乐观、自信、勇敢、坚毅的品格，同时养成对美好事物的感知和体会能力，这些物质将构建孩子一生幸福的底色。这些特质的培养，都需要掌握积极心理学知识和积极教育的方法。幸运的是，积极教育可以在家庭中进行，只要家长掌握一定的积极心理学知识，运用积极教育的方式，就能应对孩子在成长过程中出现的各种问题，培养孩子的积极情绪、自控能力、抗逆能力以及善良的品行等，从而帮助孩子正确面对成长过程中遇到的困难和挫折，以积极、乐观、自信的心态健康长大，收获充满喜悦与幸福的人生。

第 2 节　幸福方法

樊登解读《幸福的方法》

很多人都考虑过幸福的问题，作为家长，我们希望自己幸福，更希望孩子拥有幸福的未来。那么，怎样才能获得幸福呢？哈佛大学教授泰勒·本–沙哈尔就致力于研究这件事，他在哈佛大学开设的幸福课受到学生热捧，每年选修这个课程的学生达到 1600 多人，他们甚至会带着自己的爷爷奶奶、父亲母亲一起去听课。

沙哈尔教授原来是以色列人，他从小练习打壁球，梦想成为以色列壁球冠军。为了达到这个目标，他每天忍饥挨饿，控制体重，他其实特别喜欢吃汉堡，但一直坚持不吃。他当时立下一个志向，等自己得了冠军，就去吃 4 个汉堡。终于，功夫不负有心人，他在 18 岁那年成了以色列壁球冠军，于是他冲到汉堡店，买了 4 个汉堡，摆在自己面前。然而，奇妙的事情发生了，当他看到 4 个大汉堡摆在面前时，突然觉得索然无味，感觉自己即便一下子把它们吃下去也不会有想的那么开心。晚上回到家，他看到放在自己床头的奖杯，突然哭了起来，感觉人生似乎已经到了顶点，不知道接下来该做什么。由此，他突然发现，获得壁球冠军这件事并没有给他带来想象中的幸福。于是，他立志要研究明白人们的幸福感到底是怎么回事，凭借这个信念，他一路读到哈佛大学积极心理学博士，发明了这套积极心理学框架，用《幸福的方法》这本书向全世界昭告了他的研究成果。

幸福的感知力

我们先来比对两组数字。

第一组数字是，经历车祸截肢的人幸福感回到之前水平经历的时长。有一群这样的人，他们是车祸截肢互助俱乐部的成员。他们在一起聊天，给予彼此心灵上的抚慰。心理学家对他们进行研究，统计结果是，平均约一年后，这些人的幸福感回到了跟之前一样的水平。

我采访过中国达人秀冠军刘伟，他十岁的时候放风筝，被高压电击伤，失去了两只胳膊。后来，他尝试过游泳，甚至入选了国家队，有机会代表中国队参加 2008 年的残奥会。然而，残奥会开始前两个月，他浑身出现了大面积紫癜，不得已放弃了游泳事业。之后，他开始练习用脚弹钢琴，一步步成为中国达人秀的冠军，家喻户晓。跟他聊天时，我发现，他没有我们想象得那么敏感，没有什么不能提及的话题。相反，他很开朗，喜欢开玩笑，跟普通的年轻人有相同的爱好。从他的身上就能看出来，人的幸福感在经历创伤后是可以回到之前的水平的，时间上就是大约一年。

第二组数字是，突然中了大奖，比如买彩票中了乐透大奖的1 000万美元，变得很富有的人，幸福感回到跟之前一样水平的时长。同样有这样的俱乐部，叫"乐透大奖得主俱乐部"，这些成员都是得过这个奖的人。别人没有这个经历，可能难有同感，所以他们这些人就凑在一起，互相交流。心理学家对他们进行研究，研究结果是，平均一个月后，这些人的幸福感就回到了跟之前一样的水平。

把这两组数字放在一起，心理学家告诉我们的结论就是，幸福与状态无关，幸福是一种能力。你能想象，自己拥有哪种状态就会特别幸福吗？或者说，如果你感觉不幸福，那么你觉得给你什么东西可以让你感觉到幸福呢？比如，给你巨额财富，让你随便使用；给你社会地位，让你受人尊敬；给你健康，让你身体好；给你美貌，让你长得漂亮，人见人爱；给你完美的事业，让你取得成就。拥有这些，你会幸福吗？好像也很难得到确切的答案。换一个问题来思考，为什么有那么多富人会自杀？论身体条件、生活水平，从各方面来说，他们的状态都要优于社会上的绝大部分人，而他们自杀往往是因为丧失了幸福的能力。

那么，什么才是幸福的能力呢？沙哈尔教授告诉我们，幸福的能力是一种对幸福的感知力。回想我们小时候，大多是开心快乐的，比如过年穿新衣服、拿到压岁钱、和兄弟姐妹一起玩，那么如果我们现在组织一个模拟过年聚会，每个人穿上新衣服、把表弟表妹都叫来一起吃饭，每人领取压岁钱，你会觉得很开心吗？为什么现在过年成了一种负担，而小时候那么开心呢？因为我们幸福的能力在减弱。幸福的能力就是对快乐的感知力。所以，幸福的反面并不是不幸，而是麻木，没有感觉。

幸福四象限

幸福既然是一种能力，那么就可以锻炼。像我们的肌肉一样，如果手臂力量不够，可以通过举杠铃来增强，同样，幸福的能力也可以锻炼出来。当你锻炼出幸福的能力时，你才会变得更加幸福。幸福不来自挣了更多的钱，不来自社会地位变得更高，也不来自身体变得更健康，真正的幸福源于你在追求这些东西的同时，还能随时感受到快乐。

沙哈尔教授讲，他的这个观点是受中国的儒家思想的启发。孔子特别喜欢一个叫颜回的学生，他提到颜回时说："一箪食，一瓢饮，在陋巷，人不堪其忧，回也不改其乐，贤哉回也。"意思是说，颜回真好，拿小竹筒装点儿饭吃，拿个破瓢舀水喝，住在简陋的房子里，别人都受不了这种穷困生活的愁苦，但是颜回依然很开心。孔子自己也是如此，他说："饭疏食，饮水，曲肱而枕之，乐亦在其中矣。不义而富且贵，于我如浮云。"意思是，吃粗粮喝冷水，拿胳膊当枕头躺着，也很快乐。后来宋明理学家研究，孔颜之乐到底是什么，两人为何清贫但如此快乐，这成为一个千古的命题。我无法给这个命题一个明确的答案，但我个人的看法是，孔子和颜回本身就具备超强的幸福感知力，从而能够保持幸福的状态，并且是在任何情况下都能保持这样的状态。

孔子最惨的时候"陈蔡绝粮"，没有饭吃，"从者病，莫能兴"，子路就很生气地问孔子，君子会困窘成这样吗？孔子非常淡定，接着弹琴，然后放下琴说"君子固穷，小人穷斯滥矣"，意思是，君子就算是困窘，也依然能够固守该有的操守，而小人一旦困窘，就会无所不用其极。所以，不管是发达还是困窘，对孔子来讲，都改变不了他内心当中淡定从容的喜悦状态。这就是幸福的能力。

至于如何锻炼这种能力，东方的方法会告诉我们多读《论语》，学习孔子，而这种方法往往让人感觉要求太高。西方人的思路就比较直接了，他们会直接总结工具和方法，给人们提供一个路径，帮你学会幸福的方法。

在《幸福的方法》这本书里，沙哈尔教授就给我们提供了一个

"幸福四象限"的工具，包括当下利益和损害，以及未来利益和损害。我们可以将这四个象限理解为，现在幸福、现在不幸、未来幸福、未来不幸。

第一个象限中的人是享乐主义型。这类人认为自己现在幸福但未来会不幸。这就好像吸毒的人，他知道打一针只能获得当下的快感而没有未来，但是他管不住自己，只能"及时行乐"。

第二个象限中的人是虚无主义型。这些人觉得自己现在不幸且未来也会不幸。他们的特点是，人生像走在一个黑暗的隧道当中，永远看不到前方有产生乐趣的可能，他们觉得所有的东西都没什么意思，干什么都提不起劲儿，非常无助。

心理学中有一个概念，叫作"习得性无助"，相关实验证明这一类无助是从生活中学来的。心理学家把两只狗放在笼子里，分别给它们通电，狗感觉到疼痛后，就会叫。其中一只狗的笼子里有一个开关，狗只要扒到开关，电就停止了，也就不再会疼痛；另外一只狗的笼子里没有开关，只能一直被电。就这样，每天通电半个小时，一周后，笼子里有开关的狗学会了一来电就关上开关，没有开关的狗就忍受半小时。训练了一个月之后，把这两只狗放出来，把它们和一只没有受过训练的狗一起放在一张电网上，结果是，未经训练的狗立即跑开了；笼子里有开关的狗发现周围没有围栏，知道这个痛苦是可以避开的，于是也跑开了；笼子里没有开关的狗则留在原地忍受。这个现象就叫作"习得性无助"：你可以摆脱困境，却认为自己不能摆脱。

　　人类也有这样的状况，比如我们经常听到有人说"我没有方向感，别跟我说东南西北，我完全分不清"，这就是陷入习得性无助的表现，而我们往往不自知。事实上，只要你愿意学习、愿意改变，这些情况都是有机会改善的。如果你自己放弃了，不再努力，就成了虚无主义型的人。当你的朋友陷入这种状态，认为自己现在不幸福、未来也不会幸福的时候，你一定要帮助他们，把习得性无助的概念讲给他们听，这样才能让他们有机会从困境里走出来。

　　再看第三个象限，忙碌奔波型的人。这些人觉得我现在不幸，但是未来会幸福。很多人都是这样，比如他们会说等我的公司上市了就好了、等我孩子考上大学就好了、等我能买辆车就好了，他们会在自己心里定一个目标，觉得达到这个目标就会感到幸福。然而，忙碌奔波型的人往往很难感觉到幸福，因为人很难在实现一个目标后就停止，反而会更想设定下一个目标，比如买车这件事，到时间了人总要换车，而且总想换个更好的车，需求并不会因为有了一个代步工具而停止。可见，任何期望通过改变外部环境来改变自己幸福状态的想法都是不切实际的。

　　以我岳父为例，他有一句经典的话，就是"今年是个坎儿"，几乎每年过年的时候我都能听到他这么说，十几年来都是如此。因为他永远都觉得，当下的事情是最重要的、一定要处理的，必须把这个事情解决了才能过好生活。这个世界上有太多忙碌奔波型的人，而这种思维方式，与我们的生活环境和教育理念都有关系。我们要有意识地发现自己的这种状态，提醒自己不要跌入这个思维陷阱。

最后一个象限中的人是感悟幸福型。他们觉得现在幸福、未来也幸福。以我录制讲书为例，比如我在录制过程中特别想吃陕西菜，我肯定不可能立即中止录影去吃饭，但我并不会因为想吃陕西菜没吃到就觉得不幸福，录制讲书本身和想到即将吃到好菜这两件事都使我感到幸福。这两种快乐是不一样的，这就是幸福的能力。

很多人怀念过去，比如怀念青春、怀念大学生活等，但是我们已经回不去了。还有很多人憧憬未来，比如过年放假、外出旅行、退休之后的生活等，这些也无法立即做到。我们能存在的地方就是当下，此时此刻。如果我们感觉不到当下的快乐，总是怀念过去或者憧憬未来，那么这一刻会变得痛苦难耐，最后成为一个不愿想起的过去。仔细想想，有时候我们怀念过去，但当时你真的感到快乐吗？比如我们怀念大学时光，但上大学的时候我们常常焦虑作业、担心考试、羡慕别人有恋人，自己不知如何是好，可能也没有怎么感到快乐，而是在憧憬未来，现在我们却开始怀念那个时候的生活。

人生最困苦的事之一就是，当你失去一个东西的时候才感受到对它的珍惜。沙哈尔教授用幸福四象限告诉我们，要做一个什么样的人才能够幸福，而且是现在幸福、未来也幸福，我们在不断为未来打拼，我们能够感受到的是此刻的快乐。今天我们走在路上，这不值得快乐吗？我们都见过那些失去了行走能力的人，当我们老了，失去了蹦蹦跳跳的能力时，你会不会怀念今天走路的时光呢？今天我们还拥有这些能力，这不值得开心吗？

有的人拥有了奔驰，就想要买玛莎拉蒂，这是丧失了幸福能力的表现，他的幸福阈值变得越来越高，外在事物已经刺激不到他了，无法让他感觉到幸福。真正具备幸福能力的人，即使静静地坐在那里、不说话，也依然是幸福的。岁月静好，闲来无事，读上一两本书，就是最快乐的事了。

看到这里，你可能想说，有欲望有什么错呢？想赚钱、想有房子和车、想出国旅行，这些欲望当然可以有，但是我们不要被这些欲望折磨。有欲望是好的，但如果得不到就很痛苦，那就是折磨了。我在为未来努力，但同时我在开心地享受这个努力的过程，这才是幸福的方法。每时每刻都能够体会自己身体的存在，能够学会享受当下、活在当下，这就是最重要的人生智慧所在。

幸福的心态

如果你想让自己的心态从享乐主义型、虚无主义型、忙碌奔波型变成感悟幸福型，最重要的方法就是，改变思维模式。思维模式有两种，一种叫溺水型心态，一种叫郊游型心态。

溺水型心态的人，永远都像是被人压在水池子里，他们有两个特点：一个是有从痛苦中解脱的强烈愿望；另一个是一旦解脱，就会把那种舒适误认成幸福。比如很多人会想：等我憋着一口气，考上大学就好了；等我憋着一口气，考上研究生就好了；等我憋着一口气，找到好工作就好了……他们永无止境地把幸福寄托于未来发生的事。

郊游型心态是一种可以同时得到当下与未来幸福的模式，就像我们小时候去春游时的心情。老师刚宣布明天去春游爬山，孩子们就高兴得哇哇叫，都还没有真正去春游，就已经开心得不得了。放学回家、准备零食、集合出发，全都是开心的，即便路上堵车、爬山很累、刮风下雨，也都很开心。这就是我们的人生。

我们的人生目标可能是山顶，那个快乐的巅峰，但是在通往山顶的路途中，我们随时都能够享受到其中的快乐。上山是快乐的，下山也是。当你能够感受到每一步的快乐时，你的人生积攒下来的相册就全是快乐的相册，而不是痛苦的回忆。这就是幸福的方法。

中国人经常讲"祝您洪福齐天"或者"祝您享两天清福"，洪福齐天可能意味着生意好，努力干事业；享清福就是海边吹吹风，没人找你，或者在家里边待着，没有任何烦心事。痛苦从哪里来呢，往往就是当你挣钱打拼时总惦记着海风，而享受海风时又放不下手里的工作。如果不能解决这个纠结的问题，幸福的能力就无法调高，幸福的奥秘就在这里。